僕たちの部活動改革

部活自治・10のステップ

神谷拓

登場人物

大園ツカサ（3年）
バレー部キャプテン。マジメで実直、成績も優秀《ゆうしゅう》で生徒会の役員も務める。色白の優等生。

羽兼《はがね》テツ（3年）
後輩《こうはい》の面倒《めんどう》見がいいムードメーカー。背が低く、コテツと呼ばれている。

大村タクヤ（2年）
本編の主人公。小学校からバレーをしている。熱くなりやすく、たまに口が悪い。

藤森《ふじもり》リョウガ（2年）
女の子のことになると熱くなり、話をしばしば脱《だっ》線《せん》させる軽い性格。サクラ先輩のファン。

向井リク（2年）
双子《ふたご》の兄。弟と息ピッタリの掛け合いをする。

向井カイ（2年）
双子の弟。

高木トオル（1年）
高身長のルーキー。しっかりもので、すでにリーダーの風格がある。

太田リョウヘイ（1年）
女バレファンで、パソコンを使うのが得意。運動不足で太っており、親に入部を勧められる。

国見ソウタ（1年）
体は小さいが、ゲーム分《ぶん》析《せき》が得意な知性派。

星野ノブオ（1年）
運動が苦手なゲーマー。内気な性格で、「そう思います」が口癖《くちぐせ》。メガネをかけている。

菅原《すがわら》先生
女子バレー部の顧問《こもん》をする女性教師。男子バレー部の顧問も兼任《けんにん》することとなる。

CONTENTS

はじめに　～この本を手に取ってくれた皆さんへ～

『僕《ぼく》たちの部活動改革』を手に取っていただき、ありがとうございます。

この本は、これから部活動に入ろうとしている人、今、入っていて充実《じゅうじつ》している人、反対に悩《なや》んでいる人、部活動をする子どもを持つ保護者の方、そして、学校の先生や地域の指導者の方など、部活動に関《かか》わる皆《みな》さんに向けた部活動の『解説書』です。

最近は、研究や実践《じっせん》の成果を、わかりやすく解説する本が増えてきました。私《わたし》も、これまでにいくつかの『解説書』を書いてきました。その中で一貫《いっかん》して主張してきたことは、「生徒が自分たちでうまくなり、強くなる部活動」でした。そもそもクラブの語源をたどると「自治」や「社交」という意味にたどりつきます。部活動もクラブの一つですから、みんなで協力しながら課題を解決し、うまくなったり強くなったりしていく場であるはずです。本書にも、そうした知見やノウハウが詰《つ》まっていますが、中学生や高校生に向け、これまで以上に易しい『解説書』になっています。

具体的には、生徒が自分達で課題を解決していくフィクションの物語に、これまでの研究成果を組《く》み込《こ》んでいます。主人公のタクヤらが繰《く》り広《ひろ》げる部活動の物語を読みながら、一つの章が終わるごとに、私はタクヤたちを応援《おうえん》したり、励《はげ》ましたりするスタンスで、「ブカツのヒケツ」（部活動の研究成果）について解説します。このような試みは、これまでに見られないものですし、本来は『解説書』というよりも、子どもが自分たちで課題を乗《の》り越《こ》えていく力をつける『解決書』といったほうがいいのかもしれません。

なお、この物語は、架空《かくう》の学校と人物によって話が進んでいきますが、「ブカツのヒケツ」に関わる内容や実践は、私が接してきた事例や実際に教育現場で取り組まれてきた実践に基《もと》づいています。ですから、まったくの架空の話として読み進めるのではなく、頭の片隅《かたすみ》で「ひょっとしたら同じようなことが起こるかも……」「同じように、自分達もできるかも……」「どうして、うちの部活動では同じ事が起きないのだろう（できないのだろう）」と考えてみてください。さらに、「ブカツのヒケツ」とは別に、本文中に脚注《きゃくちゅう》で解説を加えた箇所《かしょ》もあります。これらは、今の部活動で起こっていることや問題などについて理解を深めてもらうための情報ですので、ついでに読んでみてください。

それでは、さっそく舞台《ぶたい》を深津《ふかつ》市立南中学校に移しましょう。何やら、男子バレーボール部が校長室でもめているみたいですよ……。

I

プロローグ――バレー部がなくなる!?

突然《とつぜん》の宣告

俺たちは校長室の薄《うす》暗い蛍光灯《けいこうとう》の下にいた。

上履《うわば》きを履《は》いていても床下《ゆかした》から伝わる3月の冷気は、春の訪れがまだ遠いことを知らせている。切れかけた蛍光灯は不規則に点滅《てんめつ》し、不穏な空気を増長させていた。隣《となり》に立つ2年生のツカサ先輩《せんぱい》の心臓の鼓動《こどう》がこちらにまで届きそうな静寂《せいじゃく》が、ふいに破られた。

「バレー部は……廃部《はいぶ》にします」

I プロローグ—— バレー部がなくなる!?

校長が、ぼそっと小さな声で言った。

俺は、自分の耳を疑った。

「は!? どういうこと……!?」

突然の宣告に、思わずタメ口で口走ってしまった。

待て。冷静に思い返してみよう。バレー部に廃部にされるような問題があったっけ……?

俺は小学生のときからスポーツ少年団でバレーをやっていて、この深津《ふかつ》市立南中学校に入学してすぐに男子バレー部に入部した。見上げるほど背が高い先輩に圧倒《あっとう》されたけど、入部すると先輩たちはみんな優しくて安心した。特に、マネージャーのサクラ先輩の優しい笑顔……。いやいや、それだけじゃなくて、先輩たちの活躍《かつやく》はすごかった。残念ながら県大会は決勝戦で負けてしまったが、先輩たちが「お前らは優勝してくれ」と言ってくれたのには、1年生ながら感動した。

3年生が引退した2学期からは2年生が新キャプテンになって、今日まで練習に励《はげ》んできた。キャプテンは、大園ツカサ先輩。キャプテン・ツカサだ。色白で細身の長身。生徒会の役員でもあり、ガリ勉に見られるけれど、スポーツも万能。バレー部でも早い時期からレギュラーメンバーだった。いわゆる優等生だが、肝心《かんじん》なことを忘れる「おっちょこちょい」な面もある。

もう一人の2年生は、羽兼《はがね》コテツ先輩。本名は「テツ」だが、背が小さいことで「コテツ」と呼ばれている。ポジションはリベロ。いわゆる守備の専門家だ。ボールも拾い上げるけど、いろいろな話題に首を突《つ》っ込《こ》んでトークも拾い上げる。後輩が「コテツ先輩」と呼んでも怒《おこ》らない、お調子者で心の広い人だ。先輩は2人しかいないけれど、4人いる1年生と一緒に、みんなで協力して練習に取り組んできた。

1年生のメンバーはまず、熱烈《ねつれつ》なサクラ先輩ファンの藤森リョウガ。女性アイドルや女性アスリートに目がない。そのくせに、実際に女性を前にすると赤面してしまうシャイな一面もある。サクラ先輩に惹《ひ》かれて、中学からバレーを始めた。

それから、双子《ふたご》の兄弟・向井リクとカイ。2人とも小学生のときから俺と同じ少年団でバレーをしてきた。仲が良くて、普段《ふだん》はケンカしているのを見たことがない。二人の掛《か》け合いは漫才《まんざい》コンビみたいで、息もぴったりだ。バレーのこととなると真剣《しんけん》で、つかみ合いになることもある。

そして俺、大村タクヤ。自分で言うのもなんだけど、結構、マジメ。そう見られるのが恥《は》ずかしくて、ちょっと格好つけたり言葉遣《づか》いを雑にしたりしてる。

こんなメンバーと、顧問《こもん》の岡崎先生で活動を続けてきた。特にトラブルが起きたわけでもないし、むしろ仲良く楽しくやってきた。岡崎先生は今年で定年退職だが、バレーボールの経験者で、基礎《きそ》的なことから指導してチームを作り上げてくれた。

……あ、岡崎先生が3月で退職するから、バレー部がなくなるってことか？　けれどこういう場合、フツーは新しい先生が来てくれるんじゃないのか？

そう思いついた矢先に、キャプテン・ツカサが口を開いた。

「校長先生。岡崎先生が退職するから、男子バレー部もなくなるんですか？」

「それもある。ただ、それだけじゃない」

「じらさないで、理由を教えてください！」

「実は、学校全体の部活動の数を減らすことになったんだ。生徒の数が減ったのにともなって、以前よりも先生の数も減ったからな①。昔のままの部活動の数を維持《いじ》することはできないんだ。わかってくれ」

①
2008年を境に日本の人口は減少傾向となり、15歳未満の人口も1533万人まで減っています（2019年）。これはピークだった1953年の約半分。それにともない教員数も減っていますが、学校運営にかかる一人あたりの負担は増え、教員不足が言われています。

「でも、なぜ男子バレー部なんですか。他の部活動だっていいじゃないですか！」

キャプテン・ツカサの言う通りだ。なんで男子バレー部なんだよ。確かに、部員数は多くないけど……。ひょっとして……。

校長先生は、ゆっくりとため息をつきながら話を続けた。

「君たちの部は実質6人だろう？　そのうちの一人、今年3年生になる羽兼君が、受験勉強に専念するため退部すると担任の先生に言っているようだ。そうなると、今のままでは大会に出ることもできない」

キャプテン・ツカサは狼狽《ろうばい》したが、ひるまず反論を続けようとした。「でも……」と絞《しぼ》り出したキャプテンの言葉を、校長は遮《さえぎ》った。

「春に1年生が入るかも、と言うかもしれないが、それでも他の部と比べると人数が少ない。そしてバレーボールを専門に指導してくれる先生も今のところいない。

それだけじゃないんだ。体育館で活動している部活動、たくさんあるだろう？　男女バスケットボール、女子バレーボール、男子ハンドボール……。どの部も各学年で部員が10人以上はいる。安全上、あの小さな体育館で多くの生徒が活動すること自体に、問題があるんだ。最近でも、ボールがぶつかって救急車で運ばれた生徒がいただろう？

この間、教育委員会でも話題になったんだ。

そこで君たちには悪いけど、男子バレー部、そして同じように人数が少ない卓球《たっきゅう》部は、来年度から廃部にすることにしたんだよ」

「ホントに学校って勝手だよな……」

俺は我慢《がまん》ができずにつぶやいた。

「大村君。君は相変わらず口が悪いな。この間も掃除《そうじ》の時間に、私のことを『白髪《しらが》ジジイ!』って言って逃《に》げただろう。確かに私は白髪でジジイだけど……。見たまんまのことを言われると、人は結構、傷つくんだぞ!

それはともかく、確かに君たちからすれば『勝手に廃部にされた』と思うかもしれない。しかし部活動をやる、やらないは、学校で決めていいんだ②。授業は『週に何時間やりなさい』と国が決めているけど、部活動にはそれがない。無理のない方法を学校で考えてやるものなんだ!

……というわけで、君たちは他の部に入るのか、羽兼君の

② 学校教育の場で生徒に指導する内容は、国が定める「学習指導要領」に書かれています。これに基づき授業などがおこなわれますが、部活動に関しては「学校教育」の一環として実施する方針と、「社会教育」の組織・機関と連携して実施する方針が併記されています。そのため校長が言うように、部活動をどのように実施するのかは学校で決めることができます。

ように勉強に専念するのか、自分たちで決めなさい！」

「は……い」

俺たちはため息交じりに返事をするのが、やっとだった……。

緊急《きんきゅう》ミーティング

「さて、どうするか……」

学校の玄関《げんかん》から体育館へと続く広いピロティのベンチは、男子バレー部がおしゃべりをする定位置になっている。他の部活動が練習する姿が、今日はやけに遠くのものに感じる。キャプテン・ツカサの投げかけた言葉がピロティの天井に反響《はんきょう》する。

「どうするって、校長先生がダメって言ったらダメなんじゃないですか？」

藤森リョウガがいつもの軽い感じで答えた。続いて、向井リク・カイが同じ声音でたたみかける。

「岡崎先生もいないしなぁ」

「確かに人数も少ないし……」

「やばいよ、やばいよ……」

ネガティブトークが連鎖《れんさ》している。バレー部はいつもこうだ。マイナス要因がでると、どんどんドツボにハマっていく。俺はイライラしながら、

「ダメって、それでいいのかよ」と噛《か》み付いた。

リョウガが困った目で俺をみる。

「だって、校長は学校で一番、偉《えら》いんだろ。白髪ジジイだけど……」

「教える人がいないって校長が言うんだから聞くしかないよ。今日はズボンのチャック半分あいてたけど……」

「確かに、授業みたいに時間割に部活動ってないからな。校長の言うことも一理あるよ。いつもメガネが曇《くも》ってるけど……」

いつもの調子でリクとカイが大喜利を始めた。普段なら俺もこの流れに乗って校長のことをイジるところだが、今日は違《ちが》う。

「今は校長のことはどうでもいいんだよ。バレーできなくなってもいいのかよ」と真面目に言った。

「俺は最後まで、やり通したい」

１年生のふざけたムードを払《はら》いのけ、キャプテン・ツカサが厳かに言った。そりゃそうだよね。あと半年後には最後の大会があるんだから……。俺も同じ思いだ。

「俺だってやりたいですよ。３年生のようにうまくなりたくて練習してきたんですから」

リクとカイがうなずいた。

「やりたくない奴《やつ》なんていないよ。みんなキャプテンと一緒《いっしょ》です」

「ここで辞めたら、引退した先輩たちに合わせる顔がないよ」

そして、リョウガがいつになく真っ直ぐな瞳で続けた。

「俺たちの試合、憧れのサクラ先輩が見にきてくれるって言ってたし……」

みんな、少しずつ自分の気持ちを口に出し始めて、ポジティブトークに変わってきた。

一人一人の顔を見回した後、キャプテン・ツカサが言った。

「岡崎先生に相談しよう！」

俺たち、どうしたい？

「まず、君たちに今まで黙《だま》っていたことを許してほしい。混乱しないように校長先生から直接、君たちに伝えると言われていたんだ」

翌日、職員室の廊下《ろうか》の前で岡崎先生はゆっくりと、静かに語り始めた。昼休みで解放された生徒たちのざわめきが廊下に響く。

「けれど、校長先生の言っていることは正論でもあるんだ。私の後に来る先生が、バレーを担当できるかわからない。そして君たちは知らないと思うけど、部活動は授業以外の時間にやる課外活動だから、教師の仕事の中では優先順位が低いんだ③。実際に、他にやらなければならない仕事がたくさんある。それぞれの先生が仕事を抱《かか》えていて、なかなか部活動にまで時間を割けない。引退した3年生のチームも、もっと私が指導できれば勝てたかもしれないけれど、授業の準備、進路指導、保護者との面談、修学旅行……他の仕事が山積みだったんだ。どの先生もそんな感じだから、部活動の数を減

③ 先に見たように、部活動は学習指導要領上の位置づけが曖昧で、後述するように先生たちの勤務時間外の労働としても明確に位置づけられていません。そのため、先生の仕事において部活動は「2の次」の扱いにならざるを得ない状況があります。

らして複数の顧問で分担するようにしていかないと、続けることができなくなってしまったんだよ。君たちも今年に入って、病気で休んでしまった先生がいる④のを知っているだろう?」

みんな深刻に聞いていたが、納得できない。

「結局、それって大人の都合ですよね」

と俺は言った。

「確かにそうだ。大人の都合だけで学校教育がおこなわれるのではないから、君たちがどう考えているのかについても、学校は聞かなければいけないだろうね。でも、君のように自分の言い分をぶつければいいってものでもない。だって、今のままでは部活動が維持《いじ》できないのはハッキリしているんだから。『できないものはできません!』って言い返されるだけだ。そうなると、『やりたい』『できない』の言い合いになる。これはもう泥《どろ》仕合だ」

白髪ジジイと泥仕合。最悪だ……。

少し間を置いて、キャプテン・ツカサが続けた。

「先生、どうすればいいんですか?」

④公立校の精神疾患による病休者は毎年約5000人にのぼります。全教職員数約92万人を考えると、少ない数字ではありません。

「**『どうすればいいか』ではなくて、『どうしたいか』が大切だよ。**君たちの部活動なんだから、君たちが『どうしたい』かを話し合う必要がある。そして、それを実現するには『どうすればいいか』を、自分たちから校長先生に提案していくんだ。実現可能なアイディアを拒《こば》む理由はないからね。校長先生も、いいアイディアがなくて困っているんだと思うよ」

問題点を整理しよう

岡崎先生が職員室にもどった後、俺たちはいつものピロティのベンチに座っていた。

「俺たち、どうしたい？」

キャプテン・ツカサが口を開くと、

「そりゃ続けたいですよね……」とリョウガがつぶやく。

双子のリクとカイも、「とりあえず、俺たちはバレーがやりたいです！」と同調した。

あっという間に「俺たち、どうしたい」の結論が出た。みんなバレーボールが好きで、続けたいのだ。

キャプテン・ツカサは続けた。

「岡崎先生が言っていた『俺たち、どうしたい』の結論は、ひとまず出た。次にバレーボールを続けるために『どうすればいいか』について考えなくちゃ！」

俺はすぐに、白髪ジジイの少し舌足らずなしゃべり方を真似して、

「部員が少ないから試合に出られない！」

「バレーボールを専門に指導してくれる先生がいない！」

「場所が狭《せま》いから安全上の問題がある！」

という台詞を言ってみた。

「ウケる。タクヤの校長、結構似てる！」

「えー、もう少しさ、鼻息が荒《あら》くなかった？」

話が脱線《だっせん》しそうになったところで、キャプテン・ツカサが俺の台詞を、表紙に几帳面《きちょうめん》な字で「部活用」と書かれたノートにサラサラと書き出した。生徒会役員も務めているキャプテン・ツカサは、それぞれの活動別にノートを作って記録しているのだ。

「ひとまずこの3つの問題が解決できれば、俺たち、バレーボールを続けることができるかもしれない」

全員がノートをのぞきこんだ。なるほど、こうやって整理してみると課題がはっきりする。みんなノートの文字に引き込まれ、俺のモノマネのクオリティーはどうでもよくなっていた。

「場所はさ、市民体育館を使えばいいけんじゃね？」

「確かに。あそこ、あんまり利用されてないからな。ちょっとお金はかかるけど、何とかなりそう」

深津市民体育館はここから歩いて10分のところにあり、週のうち数回、夜にママさんバレーで使われているくらいで、昼間はあまり利用されていない。キャプテン・ツカサはノートの「場所が狭いから安全上の問題がある！」の後に矢印をいれ、「市民体育館を借りる」と書き出した。これで、ひとまずは解決だ。

「じゃあ、部員の数はどうする？」

「4月に死ぬ気で新入生を入れないとダメだな」

「でも、入るかわからないよ。まして部としての存続が危ぶまれているんだからな……。その時点で入部のハードルが上がってるよ」

これを聞いていた俺は、

「校長はさ、今の時点で大会に参加できる人数がいないって言ってたよ。確かに試合に出られないなら、わざわざ先生に顧問になってもらう必要もなくなる。やっぱり今の時点で6人いないと……」と言うと、キャプテン・ツカサが、

「辞めるって言ってるコテツにもどってきてもらうか。あいつ、本当はバレー好きなんだけど、勉強サボってたから親が心配してるんだ。だから、今までと同じようには参加できないかもしれないけど、聞いてみる価値はあるよ」

と打開策を提案した。コテツ先輩のことだから、親に強く言われて拒めなかったんだろう。そうだとしても、勉強と部活の両立ができる条件を作らないと、親を説得できない。

「今まで部活のスケジュールって岡崎先生が決めてたけど、岡崎先生もいなくなるし、今度からは俺たちで決めるっていうのはどうですか？　そうすれば、コテツ先輩も無理のない範囲《はんい》で部活できるし……」

リクの提案にみんながうなずく。よし、それでいこう！

その晩、キャプテン・ツカサは男子バレー部のグループＬＩＮＥでコテツ先輩に呼び

かけた。

「コテツ、まだ、バレー好き？」

「そりゃ好きだよ。でも、週に3回塾《じゅく》に行くことになったからさ。たいへんだよ」

「コテツはまだバレーが好きで、本当はやりたいんだよな！」

「そうだよ。何回聞くんだよ」

「今度から練習のスケジュールを俺たちで決めることにしたんだよ。塾以外の日は来れるよな？　部活、続けることで決まりな！　毎日、練習に来られなくていいからさ！」

コテツ先輩から、ウサギが「え!?」と頬《ほお》を赤らめて喜ぶイラストのスタンプが送られてきた。

その後は、みんなから、

「再入部、おめでとうございます！」

「待ってましたよ！」

「再入部だから、一番、下《した》っ端《ぱ》です。ボール拾いからやってください（ウソです。ごめんなさい）」

と祝福のメッセージが止まらなかった。

今まであまり意識することはなかったけど、部活って、まずは「バレーがやりたい」という気持ちでつながっていることが大切なんだな。**同じ思いを持った仲間がいるからバレー部が存続できる**のだと、みんなが気づき始めていた。

先生、顧問《こもん》にピッタリです！

翌日の放課後も、ピロティでのミーティングが開かれた。校長から廃部宣言を受けた日のような暗いムードは、もうなくなっていた。

「さて、残された課題は指導者だ」

キャプテン・ツカサが口火を切ると、状況《じょうきょう》を飲み込めていないコテツ先輩は「他の先生を探してみよう！」と勢いよく言った。

俺は思わず「コテツ先輩、声、でかいですって！」と笑いながらからかい、「校長先生がバレーボールを専門に指導してくれる先生がいないって言ってるんです」と、これまでの経緯《けいい》を伝えた。コテツ先輩は懲《こ》りずに「別に指導してくれなくてもいいんじゃないの？　だって、岡崎先生から教わったメニューで、自分たちである程度はできるじゃん」と、さらに大きめの声で言った。部活が続けられるのが余程《よほど》うれしいみたいだ。

キャプテン・ツカサが「そもそも、部活動の顧問って何なんだ？　確かにコテツの言うように、他の部活動でも技術の指導ができてない先生もいるぞ」とボソボソ言いながら、ポケットから取り出したスマホで「顧問」という用語を調べ始めた。

「①団体や会社などで、相談を受け、意見を述べる役。また、その人。②相談すること。意見を求めること」（『スーパー大辞林』三省堂）

俺も同じサイトを見て、あらためて声に出して読んでみた。そうか……。顧問って、別に技術指導の専門家じゃなくてもいいんだ。たまたま岡崎先生はバレー経験があったが、そうでない場合もある。そんなことを考えながら「女子バレー部の顧問・菅原《すがわら》先生に顧問になってもらったら？」と提案した。

「同じバレーだからって安易じゃね？」という意見も出たけど、

「女子バレー部も俺たちも、バレーが好きで続けたいって思いは同じじゃん。男子の面《めん》倒《どう》だって見てくれるはずだよ」と言い返す。

キャプテン・ツカサも議論に加わってきた。

「バレー部について相談したときに、岡崎先生に自分たちが『どうしたいか』が大切だって言われたよな。これから活動を続けていくときにも、やっぱり岡崎先生がいないから、自分たちで『どうしたいか』を考えていかないとダメだ。そう考えると、自分たちの意見や思いを聞いてアドバイスしてくれる、さっきネットで意味を調べたような『顧問』が必要だよ」

そう言うと一呼吸おいて、

「むしろ、俺たちの『どうしたいか』って思いを大事にするなら、アドバイスしてくれるだけの顧問のほうがいいんじゃないか?」

と、全員に確認するようにゆっくりと言った。コテツ先輩の部活継続《けいぞく》のために、スケジュールを自分たちで考えようと決めたばかりの俺たちには、その言葉がストンと胸に落ちた。さっきコテツ先輩が言ったように、岡崎先生が教えてくれたメニューで自分たちである程度練習できる自信もある。

みんなが同意したと感じたツカサ先輩は「ひとまず、菅原先生に聞いてみよう」と提案した。

菅原先生は職員室で事務仕事をしているところだった。この一件でたびたび職員室に来るようになったけど、先生たちが暇《ひま》そうにしているのを見たことがない。菅原先生を

呼び出すと、ツカサ先輩は開口一番に、

「菅原先生、男子バレー部の顧問になってください」

と伝えた。菅原先生は突然の思いも寄らない依頼《いらい》に、大きな目をさらに大きくして驚《おどろ》いている。

「ムリ、ムリ、ムリ！　みんな、私がバレーの専門家じゃないって知っているでしょう？　今の女子バレー部だって、試合のときはしょうがないから立ち会うけど、技術指導は外部指導者に任せきりよ。忙《いそが》しくて、バレーのルールなんて覚えている暇はないのよ。審判《しんぱん》もできないし。私ができるのは、**空いている時間に人間関係とか運営の相談に乗ったりアドバイスしたりする**ぐらいのこと。とても男子バレー部なんて見ることはできません！」

菅原先生が大きく頭をふると、後ろでまとめた髪《かみ》の毛がメトロノームのようにリズム良く揺《ゆ》れた。きっぱりと顧問を拒否したつもりのようだが、俺たちからは笑みがこぼれた。そして、キャプテン・ツカサが言った。

「先生、ありがとうございます！　そういう先生じゃなくちゃダメなんです」

存続を認める、ただし……

翌日、俺たちは菅原先生と校長室に赴《おもむ》いた。校長室には校長に呼ばれたのであろう、岡崎先生が先に入室していた。キャプテン・ツカサが口火を切った。

「校長先生。バレー部のみんなで話し合いました。校長先生が廃部の理由として挙げていた3つの課題について考えてきました。

まず、部員が少ないから試合に出られない、という問題については、羽兼君が部にもどることになりました。塾との両立ができるように、部としてフォローします。これで6人そろうので、公式戦に出ることができます。

次に、バレーボールを専門に指導してくれる先生がいない、という点ですが、練習は自分たちでできるので、部の運営にアドバイスをくれる顧問役を菅原先生にお願いしました」

菅原先生は背筋を伸《の》ばして、うなずいた。

「最後に、場所が狭いから安全上の問題がある、という点については、自分たちで他の部活動と交渉《こうしょう》して体育館をシェアしたり、どうしても使えないときは市民体育館で活動しようと思います。市民体育館を使えることは確認しています」

「ふーむ……」校長先生は腕《うで》組みして天井を見つめた。

「まさか短期間で、ここまで議論してくるとは……いや、驚いたよ」

重たい空気を破るように、岡崎先生が話し始めた。

「生徒たちがここまで議論してきたんですし、廃部にする理由がなくなったのであれば1年間の猶予《ゆうよ》期間を与えて、継続してみてはいかがでしょうか？」

しばらくの沈黙《ちんもく》の後、菅原先生も話し始めた。

「幸い市民体育館は学校から10分ほどですし、私は女子バレー部も見ているので、技術指導をしない『顧問』ならば対応できます。ただ、できるだけ早く専門の先生か外部指導者・部活動指導員⑤に来てもらえるようにしていただきたいです。私もやむを得ず引き受けたので、その点はご理解ください」

校長先生は、静かにうなずいた。

「ふむ、では1年に限って継続してみよう。ただし、いくつか条件がある。

⑤ 部活動指導員は2017年から実施されている制度です。従来の外部指導者は技術指導などが主な役割であったのに対して、部活動指導員は「顧問」として関わったり大会に引率したりすることまでが認められています。

まず、部活動の状況を把握《はあく》するために、活動内容を日誌に記録すること。それを活動前と後に顧問の先生に見せること。学校としてどんな活動を実施《じっし》するのかを知らないでケガでも発生したら、大問題だからな。計画を立てて安全に注意して実施するんだ。

次に、市民体育館に行くときは、なるべく顧問の菅原先生に立ち会ってもらうこと。できるだけ女子バレー部も同じ場所で練習をしたほうがいいが、どうしても無理な場合は、部活動の開始時と終了《しゅうりょう》時に必ず菅原先生に報告をすること。私からも体育館の管理者には連絡《れんらく》をしておこう。

最後に念を押《お》しておくが、これはあくまでも1年間限定の特例だ。1年生が入らなかったら、次年度は廃部にするからな。そのつもりでいるように！」

「はい！」俺たちは勢いよく返事をした。やった！　これで廃部は免《まぬが》れた！　とはいえ、いろいろと注文もつけられてしまった。校長室を出ると、さっそくLINEの「男子バレー部グループ」のトーク画面を開いて、やりとりの報告をした。そうそう、ノートも買って校長に言われたことをメモしておかなくては！

ブカツのヒケツ！❶

部活動をクラブにする！

さて、少し話を振《ふ》り返ってみましょう。廃部という危機的な状況に直面したタクヤ君。みんなで集まって「俺たち、どうしたい」かを確認し、部を存続させるための課題について整理しました。そして、その課題を一つずつ解決しました。みなさんは同じような状況に置かれたとき、自分たちで課題を解決することができそうですか？

というのも、そもそも部活動とは、そういう自治活動をしていく場だからです。部活動の英訳語である「クラブ」の語源を調べると、「棍棒《こんぼう》」つまり、木の「塊《かたまり》」という意味です。その後、棍棒のように束ねた髪形（髪の毛の塊）のことをクラブと呼ぶようになります。それが次第に、人々が集まって活動する場（人の塊）を「クラブ」と呼ぶようになりました。このような語源をふまえれば、部活動（クラブ）も人が集まれる場でないといけませんね。もし、みなさんの部活で、イヤイヤ参加している人、退部した人、あるいは入部をためらっている人がいるようですと、クラブの危機に陥《おちい》っているのかもしれません。語源にあるように、人が集まらなければクラブは成立、存続できないからです。まさにタクヤ君のバレー部がそうでしたね。

さらにクラブという語の意味には、自分たちでお金を出し合うこと（ワリカン）という意味もあります。活動にはお金がかかりますが、「今日のクラブ（会費・費用）は５００円ね」というように、みんなで平等に費用を負担してきたのです。ここで大切なのは、みんなが平等に負担した(みんなで課題を解決した)点にあります。少数の人が多目にお金を出したのでは「ワリカン」にはなりません。あくまで平等に、みんなで参加して解決したのです。

さて、みなさんの部活動でもいろいろな課題があると思いますが、みんなで話し合って課題を解決しているでしょうか。先生やキャプテンなどに「ほとんどお任せ」状態であれば、残念ながら、それは本来のクラブ・部活動とはいえないでしょう。

同時に、自分たちで集まって課題を解決していくのがクラブ・部活動であれば、その周りにいる大人ができること・すべきことは、活動のサポート・助言になります。先生や大人が張り切って先頭を走っている集団は、クラブでも部活動でもありません。先生は子どもを課題の解決に導くプロですから、たとえスポーツ指導の専門性を有していなくても、顧問としての役割を果たすことができます。その点でタクヤ君のバレー部にとって、菅原先生が顧問として適任でした。

さて、これまでの内容をふまえて最後に質問をします。みなさんの部活動は、

・人が集まれるような場になっていますか?
・みんなで協力して課題を解決する場になっていますか?
・関わっている大人は「顧問」として相応《ふさわ》しい人ですか?

これらのことを考えながら、今の部活動を少しずつクラブにしていきましょう。タクヤ君たちと一緒にね!

Ⅱ 部活の名前に込《こ》めた願い

部員獲得《かくとく》大作戦

学校の体育館が利用できない日は、市民体育館を使って活動し始めた新生男子バレーボール部。ボールが足りず、学校から自分たちで運び込む煩《わずら》わしさはあるが、やっぱりバレーをするのは楽しい。みんな、かつてなくイキイキしている。放課後に部活動があることが当たり前のことだと思っていたが、本当はいつなくなっても不思議ではないのだ。今は、自分たちで続ける努力が必要だとヒシヒシと感じている。

部の存続は決まったけれど、それは1年間の限定条件だ。安心してはいられない。4月に新入部員が入らないと、また「白髪《しらが》ジジイ」に廃部《はいぶ》を持ち出されるかもしれない。

「ツカサ先輩《せんぱい》。4月の部活動紹介《しょうかい》に向けて、対策を考えないとヤバいんじゃないですか？」

と俺が言うと、先輩は静かにうなずいた。一方で、羽兼《はがね》コテツ先輩はマイペース。

「ごめん！　俺、今日も塾《じゅく》行くから、とりあえず帰るわ！　またなんか決まったらLINEして！」と、足早に帰っていった。いい気なものだが彼《かれ》も大切な部員だ。なにせ一人でも欠けたらゲームオーバーなのだ。

「いつものコンビニでダベりながら決めましょうよ。この間、サクラ先輩と偶然《ぐうぜん》会ったんだよね」

リョウガの脳みその半分以上はサクラ先輩で埋《う》まっている。ダボダボの制服に身を包んで帰宅していく1年生の群れと一緒《いっしょ》に、俺たちはゾロゾロと近くのコンビニまで歩いた。

イート・イン・スペースにつくと、キョロキョロしているリョウガを尻目に、キャプテン・ツカサが口を開いた。

「部員獲得大作戦を考えよう！」

作戦に「大」を付けるあたりちょっと感覚が古いが、真面目に言うところがキャプテン・ツカサのいいところだ。

「どうしたら1年生に入ってもらえるかなぁ……」

みんなで考えていると、リョウガが言った。

「サクラ先輩みたいなさ、かわいいマスコットキャラクターみたいなマネージャーとか、イケメンの部員に入ってもらってさ、それで興味を引けばいいんじゃない？」

興味を引くって……。お前はそうかもしれないけど、この段階でマネージャーとかやる奴《やつ》、いねーよ……と心の中でツッコんでいると、キャプテン・ツカサが真面目に答えた。

「悪くない。マネージャーとかマスコットキャラクターは無理だろうけど、男子バレー部と言えば○○っていう、部の楽しさややりがいがイメージできる、キャッチフレーズみたいなものがあるとインパクトがあるな」

「試しにみんなでバレー部と言えば○○を埋めてみましょうよ！　大喜利だ！」とリョウガが言うと、すかさずキャプテン・ツカサが「ふざけんの、ナシね！」と釘《くぎ》をさす。

ツカサ先輩、ふざけない大喜利ほどつまらないものはないですよ。

こういうときは一番最初に言うに限る、と思っていたら、先を越《こ》された。向井リクが
「バレー部といえば、根性！」

ダメダメ、汗臭《あせくさ》そう……。続いて双子の弟の向井カイが、

「バレー部といえば、協力！」

うん、確かにボールをつなぐからな。そのための仲間がほしいっていうこっちの思いが出過ぎているうえ、ベタすぎる。リョウガが負けじと、

「バレー部といえば、サクラ先輩！」

仕切り直そうと気合いの入った声でツカサ先輩が、

「バレー部といえば、友情！」

クサくないですか？　ツッコんでばかりいたら俺の番だ。

「バレー部と言えば、信頼《しんらい》！」

一番ベタでクサイやつを言ってしまったうえに、ちょっと声がでかかった。顔を真っ赤にした俺をみんなが冷やかした。こうしてこの日の大喜利は終わったのだった。

プロのクラブから学ぶ

俺は家に帰って風呂に入りながら考えた。

「どうしたらバレー部に魅力《みりょく》を感じて、新入部員が入ってくれるんだろう？」

「バレー部の魅力って何だ？　しかもツカサ先輩が求めているのは、キャッチフレーズのようなインパクト……」

ふと、1年生のときの他校との練習試合が思い出された。実戦経験を積むために、3年生の先輩にまじって出場した試合だ。ミスったらやばいとビビっていた俺に、3年生からパスが上がったときの感動。自分が信頼されたと実感した瞬間だった。部活ってスポーツをするだけじゃなくて、練習や試合を通して信頼関係を築いているのかもしれない。

「今日、『信頼』とか言っちゃったけど、結構本心かもしれないな。なんだかんだ言ったってみんなを信頼していないと楽しくないし、勝てないからなぁ……。でも、1年生に『俺たちは信頼し合ってます！』って言っても、ドン引きだよな」

なかなか1年生にアピールするいいアイディアは思い浮《う》かばない。スポーツニュースでも見て寝《ね》ようかと、リビングのソファに座った。ニュースはちょうどスポーツコーナーで、Jリーグの試合の結果を伝えていた。鹿島アントラーズがベガルタ仙台《せんだい》に1対3で敗れている。バレーボールももっとメジャーなスポーツになれば、ニュースでとりあげられるのになぁ。しかしよく考えると「アントラーズ」とか「ベガルタ」って変な名前だ。誰がつけたんだよ、っていうか、何語だよ！　どうでもいいことでも気になると放っておけない性分の俺は、スマホでJリーグのホームページを開いてみた。

「アントラーズの〝アントラー〟は鹿の枝角《えだづの》の意味。鹿島神宮の鹿にちなみ、枝角は茨城県の『茨』をイメージしたもの。鹿は親しみのある動物として愛されており、また武器である枝角は鋭く強いもので勇猛果敢《ゆうもうかかん》に戦い勝利をめざすチームを意味する」

ちゃんと由来があるのだ！　そうわかると、他のクラブ名も知りたくなる。俺は検索窓に「ベガルタ　由来」と入力した。

「仙台の夏の風物詩である七夕まつりは、天の川を挟《はさ》んで光輝《かがや》く織姫《おりひめ》（ベガ）と彦星《ひこぼし》（アルタイル）が、年に一度、七夕の日にだけ出会うことができるという伝説から生まれました。『ベガルタ』というクラブ名には2つの星の合体名で『県民・市民と融合《ゆうごう》し、ともに夢を実現する』という願いを込めました」

サッカーと織姫、彦星なんてぜんぜん関係ないと思ったが、ちゃんとした理由があるのだ。他のクラブ名も調べると、それぞれに由来があることがわかった。適当に名前をつけたわけではなくて、**クラブをつくった人たちの思いや願いが名前に込められているのだ。そのネーミングにふさわしいクラブになるように、みんなが協力しているというわけだ。**なんか、いい話だな。

ひょっとして、これなんじゃないか！　と俺は思った。男子バレー部も自分たちの思いや願いを込めたクラブネームをつけて、それをもとにして1年生を勧誘《かんゆう》すればどうだろう？　そう思いついたら、すでに指がスマホのLINEを開いていた。

「今さ、スポーツニュース見てたんだけどさ……そんで、鹿島アントラーズは……」

文字にすると長文になるのがまどろっこしいし、文章を考えていたら急速に眠気《ねむけ》が襲《おそ》ってきた。俺はあきらめて簡単に、

「今日のキャッチフレーズの件でいいこと思いついたからさ、明日練習の後、ミーティングしよ！」とだけ送った。

部活動に込める思い・願いは何か？

深津《ふかつ》市民体育館での練習を終えて部の備品を片付けた俺たちは、いつものピロティのベンチでミーティングを始めた。

「……ということを昨日、テレビを見ていたら思いついたわけですよ！」

俺はみんなにイキイキと説明した。

「なるほど。確かに昨日の『バレー部と言えば○○』って大喜利よりも考えやすいな。しかも1年生に伝わりやすいかもしれない」と、キャプテン・ツカサは静かにうなずいた。コテツ先輩は「昨日のうちに言ってくれたら、今日までに考えてきたのに〜」とちょっぴり悔《くや》しそう。

リョウガも「よし、じゃあ南中バレー部・○○っていう具合に、何かいい名前を考えようぜ！」と乗ってきた。すかさずキャプテン・ツカサが「ふざけんの、ナシね！」と釘《くぎ》をさす。この流れ、最近パターンになりつつあるな、と思いながら、昨日の失態を挽《ばん》回《かい》しようと俺は意気込んだ。そこに「昨日はどんなアイディアが出てたのさ？」とコテツ先輩が無邪気《むじゃき》にたずねる。

さっそくキャプテン・ツカサがカバンから「部活用」と表紙に書かれたノートをとりだし、昨日のページを開いた。几帳面な字で、「根性」「協力」「友情」「信頼」「サクラ先輩」と書かれている。

「『サクラ先輩』はひとまずおいておくとして……即興《そっきょう》だったとはいえ、こういうことをみんなが求めているんだと思う。ひとまず、今日の時点では具体的なネーミングは後回しにして、どういう思いや願いを部活動の名前に組み込むかを考えよう」

「やっぱり、バレーボールだから『つなぐ』とか『つながり』とかのイメージがいいんじゃないですか？」

「たとえ下手でもさ、部員がいないとバレーができなくなっちゃうから、どんな人でも歓迎《かんげい》するっていう気持ちも必要だと思う」

「勝ったときにみんなでハイタッチしたりガッツポーズしたりする瞬間《しゅんかん》って、バレーしてるって感じになるんだよなぁ。1年生でも、そういう楽しさを味わえる部活っていいよな」

「みんな、笑顔が大切。サクラ先輩みたいなね！」

いずれにしても、昨日よりもたくさんの意見を出すことができた。みんなが部活動に期待していることがわかって、妙《みょう》に納得できた。考えてみればこれまでにどんな部活動にしたいかなんて、話し合ったこともなかった。だけど、これって大切なことだ。自分たちの部活動なんだから、バレーがしたいというだけじゃなくて、どんな集団でバレーをするのかということも共有できれば、もっと楽しくなるはずだ。１年生のために考えていたはずが、いつの間にか自分たちのためになっていた。

「よし。今日、挙げられた意見をふまえて、家でネーミングを考えてくるように！　それを明日、発表しよう。何に例えてもいいから、みんなの思いや願いを込めたものを考えてくること！」

キャプテン・ツカサがそう締《し》めくくった。

動物？　花言葉？　石言葉？

その夜、俺はまた風呂で考えていた。

「信頼、つなぐ、歓迎する……。こういう思いや願いを何かに例えるのか……。てっきりアントラーズみたく、強そうな動物とかに例えればいいのかと思ったよ。『信頼』をイメージできる動物って何だ……。信頼できると言えば忠犬ハチ公だから犬か……。英語でdogs。『俺たち、南中バレー部ドッグスです！』これはないな。１年生の失笑が目に浮かぶ……」

俺はブクブクと顔を湯船に沈《しず》めた。

風呂から上がると、リョウガからLINEがきていた。

「サクラの花言葉って知ってる？『精神美』『優美な女性』『純潔』だって。サクラ先輩にピッタリだと思わない⁉」

語尾《ごび》にふんだんに使われたキラキラの絵文字を見て、笑ってしまった。なんかいろいろコジれて、サクラ先輩を花言葉で例えることになってるよ。俺たちが考えてるのはバレー部のネーミングだろ！　そう思った矢先に、キャプテン・ツカサから、

「ふざけんの、ナシね！」

いつものやり取りがLINEでも繰《く》り広げられている。

しかし、確かに動物じゃなくて他の物に例えるのもアリかもしれない。花言葉以外に何があるだろう？　花言葉って、よくドラマとかでキザな男が女の人に花を渡《わた》すときに使うよな。「この花の花言葉って知ってる？」とか言って。俺は同じようなシチュエー

ションで宝石も見たことがあるのを思い出した。

インターネットで調べてみると、やはり石言葉というものがあった。ダイヤモンドは「純潔、清浄《せいじょう》無《む》垢《く》、純愛、永遠の絆《きずな》」。なるほど、こういう意味もあってプレゼントされるわけだ。俺は期待に胸を膨《ふく》らませながら、他の宝石についても調べてみた。

・トルマリン――希望、忍耐《にんたい》、寛大《かんだい》
・オニキス――決意、信念、邪気祓《ばら》い
・ガーネット――情熱、勝利、真実
・カーネリアン――積極性、勇気
・トパーズ――友情、喜び、希望、誠実

なかなかいい言葉がそろっている。なかでもオニキス！　「邪気祓い」はこれまでの男子バレー部のネガティブ思考を乗り越《こ》えるイメージがあるし、他にも俺たちで部活動を運営していく「決意」と「信念」も含《ふく》まれている。南中バレー部・オニキス！　うん、なんかハマったぞ。これでいこう！

同じ頃、双子の兄弟、向井リクとカイもミニ作戦会議を開いていた。双子は自宅でも作戦会議ができるのだ。

「さっきのリョウガのLINE見た？　花言葉って結構よくない？」

「どうせたいしたこと言ってないと思って、今まで無視してたわ。なるほどね。花に例えるのはいいかもしれないな……ちょっと調べてみるか」

「なぁ、カモミールの花言葉って知ってる？『苦難に耐《た》える』だって」

「マジで。あれ、ハーブティーだろ？　イメージと違《ちが》うな」

「アサガオは『固い絆』だって」

「バレー部も朝練やってたら、南中・アサガオズでもいいかもしれないけど、今、朝練やってないからなー」

「ヤバイ、俺、すごいの思いついた。コブシだよ、コブシ！　花言葉は、友情、友愛、歓迎、信頼《しんらい》。今日、俺たちが出し合ったイメージがちゃんと含《ふく》まれてる！　花が咲《さ》くのは春。まさに今の季節だよ。花びらは6枚。バレーもコートに立つのは6人だろう？しかも、勝ったときのガッツポーズは、コブシを高く上げてるし！」

「それ、いいじゃん。『南中・コブシ』だとシマりが悪いから、コブシっ子でどう？小さい武士（小武士・コブシ）みたいでよくね？」

「センスねーわ。南中・コブシーズだな。なんとなく複数形でクラブっぽいし」

向井兄弟は顔を見合わせて、自信たっぷりにニヤリと笑った。

俺たちのクラブの名前は……

結局、ネーミングは「コブシーズ」に決まった。俺の提案したオニキスと最後まで競ったけど、みんなの思いや願いが組み込まれているのが決め手となった。俺も納得、というより大賛成！「サクラ・ドロップス」という、また何かに影響《えいきょう》されてコジれまくったネーミングを提案したリョウガも「すげーいいじゃん！」とご満悦《まんえつ》。リクとカイは「俺が発案した！」とお互《たが》いに言い合っている。キャプテン・ツカサとコテツ先輩は、そんな様子を笑顔で見守っていた。

そして、部活動紹介の日を迎えた。バレー部が来年以降も存続できるかどうかを決める、運命の日だ。

部活動紹介は体育館でおこなわれた。１年生全員の目が舞台《ぶたい》に注がれる。舞台での一《いっ》挙手一投足《きょしゅいっとうそく》が、１年生の心を動かすのだ。それぞれの部活動が工夫をこらしたＰＲとデモンストレーションを披露《ひろう》した。一番人気の男子バスケットボール部のエースが、華麗《かれい》なドリブルから3ポイントシュートを決めると、会場は大きな拍手《はくしゅ》で揺《ゆ》れた。男子バレー部も負けていられない！

いよいよ男子バレー部の出番だ。リクとカイがトスのデモンストレーションをしながら、キャプテン・ツカサが与《あた》えられた3分間でバレー部の説明をした。

「男子バレー部は、自分たちで課題を解決して部活動を運営しています。

体育館が使用できないときは、近所の体育館を借りて練習をしています。これも先生から言われたのではなく、自分たちで決めたことです。

顧問《こもん》の先生もいますが、技術指導はしてもらっていません。部活動で生じたトラブルの相談役です。これも自分たちで、そういう役割を先生に求めた結果です。

練習に毎日は参加できない部員もいます。そういう部員も僕《ぼく》たちの仲間なので、事情を尊重しながら練習をしています。

男子バレー部は仲間を大切にし、信頼しています。だからみんなで協力して、自分たちで部活動を運営できています。これからも、このスタイルを貫《つらぬ》いていきたいと思っています」

キャプテン・ツカサは一度大きく呼吸して、1年生の顔を見回しながら続けた。

「そんな思いや願いを込めて、僕たちバレー部は他の部活動とは違《ちが》って、自分たちの名前を持っています。僕たちの正式な名称《めいしょう》は『南中男子バレー部・コブシーズ』です。

コブシは学校にも植えられている木で、春に花を咲かせます。その花言葉には『友情、友愛、歓迎、信頼』という意味があります。こういうことを大切にしながら、試合で勝ったときにはみんなで『コブシ』を高く上げたいと思っています。

コブシーズは、1年生のことも歓迎します。バレーボールをやってみたい、バレーボールが好きだという気持ちをもっている人は、誰でも入部できます。試合や練習だけじゃなくて、一緒に部活動の運営にも汗《あせ》をかいてくれる人、ぜひ、入部してください！」

デモンストレーションのリクとカイのトスは、天井まで届きそうな高さに達し、1年生たちは口を半開きにしながら見入っていた。コブシーズのクダリでも、「へー」とか「ほー」という声が漏《も》れていて、みんなちゃんと聞いてくれているようだった。

そして、その日の放課後。体育館に4人の1年生が緊張《きんちょう》しながらやってきた。

「僕たち、コブシーズに入りたいんですけど……」

クラブの名前と込められた願い

南中男子バレー部の新入部員獲得「大」作戦は、うまくいきましたね。どうしたら部の魅力が伝わるかを考え、自分たちの思いや願いを「花言葉」や「石言葉」で出し合いました。このような思考方法は珍《めずら》しいことではなく、タクヤ君が調べていたように、プロスポーツのクラブ名には見られるものです。実際に、みなさんも身近なクラブの名前を調べてみましょう。自分たちのクラブのめざすビジョンを、その地域と関連する物、動物、言葉などに例えながら、まだクラブに関わっていない「みんな」のことも考えて、名前がつけられているはずです。

学校を卒業して、もし自分たちでクラブをつくろうと思ったら、必ず名前をつけなければなりません。名前もない怪《あや》しい団体では、施設《しせつ》を借りることも試合に出場することもできないからです。ですから、在校中に部活動の名前を決める経験は大切なのです。

なにより、自分たちで部活動の名前を考え、思いや願いを文字（部活動の名前）として残しておくと、部活動を運営していくうえで役に立ちます。実例を紹介すると、私と一緒に部活動の実践研究に取り組んでいる、山梨英和中学校・高等学校の堀江なつ子先生が顧問を務める剣道部では、「華進打破《かしんだは》」という名前が付けられました。そこには、以下のような思いや願いが込められています。

華…花は一輪でも束でも彩《いろど》りがあり華《はな》やかだ。剣道においても、個人戦でも団体戦でも自分の力を出し切ろう。
進…積極的に行動する。今までもそうだが、掃除《そうじ》も先輩、後輩みんなでやろう。
打…剣道の打突で自分を成長させる。機会を捉えて決断したら打ち抜く心の強さ。クラブTシャツに刷られているDetermination（決意）の継承《けいしょう》。
破…みんなで技術差や学年差の壁を破る平等な関係をめざそう。そして、みんなで強くなろう。なかなか素敵なネーミングですが、見栄えがいいだけではありません。例えば、団体戦の試合順を決めるときに、「弱い下級生は捨て試合にして、上級生で確実に勝とう！」といった意見が出たときには、それって華進打破の観点から見てどうなんだろう？という意見が出て、考え直すという場面もありました。このように、課題にぶつかったときに、部活動の名前（自分たちがめざす部活動像）が解決の道標になるのです。

しかし、部活動の名前をつけた経験がある人はあまりいないでしょう。入部するときには、「サッカー部」とか「バレー部」とかの種目名が部活動の名前になっているからです。しかし、それだけではサッカーやバレーが好きだということがわかっても、組織のビジョンまでは見えてきません。そこで、みなさんに聞きたいと思います。

部活動に新たな名前をつけるとしたら、どのようなネーミングになるでしょうか？

時間があるときに、友だちと話し合ってみてください。プロスポーツのクラブにならって、自分たちの思いや願いを何かに例えてみると、意見が出しやすいかもしれませんね。ただし「ふざけんの、ナシね！」。

Ⅲ

個性がいきる部活の係

個性的な新入部員

「さー、入って！　入って！」

コテツ先輩《せんぱい》の人懐《ひとなつ》っこい笑顔に誘導《ゆうどう》された新入部員が、いつものピロティにやってきた。一通り、3年生と2年生の自己紹介《しょうかい》が終わると、次は1年生の番だ。

1番手は、先月まで小学生だったとは思えない高身長。ベンチに座る俺たちは、1年生の顔を見上げる。首が痛くなりそうだ。

「高木トオルです。小学校4年からバレーをやってました。よろしくお願いします」

ハキハキしたしゃべり方も、大人びている。

「ちなみに身長は何センチ？」とキャプテン・ツカサが聞くと、「170センチです！」と高い位置から低い声が響《ひび》く。こりゃ、即戦力《そくせん》だな。2年生もうかうかしていられない。隣《となり》を見ると、部内で一番身長の低いコテツ先輩の笑顔が心なしか引きつっている。

2番手は、トオルとは対照的な1年生だった。

「太田リョウヘイです。両親から運動しろって言われて。スケジュールも融通《ゆうずう》がききそうなので、男子バレー部に入ろうと思いました。よろしくお願いします」

身長と違《ちが》い体重は聞くわけにはいかないが、ふっくらというより、かなり太っている。

コテツ先輩が、

「これまでは何も運動してないの？」と聞くと、

「はい。何もしてません。でも女子バレーは好きで、よく見ていました」と小さな声で答えた。それをリョウガは聞き逃《のが》さない。

「えっマジで？　誰が好きなの!?」女子と名の付くものにすぐに反応する。「その話はあと、あと！」キャプテン・ツカサが冷静に対処した。

3番手は小さくて痩《や》せているけれど、利発そうな目をした子だ。

「国見ソウタと言います。部活動紹介でキャプテンが言っていた、自分たちで運営するっていうのに興味があってきました。バレーボールがしたいっていうよりも、相手の弱点とかを分析《ぶんせき》することをしたいです。この間テレビでバレーの試合を見ていたら、コーチがタブレットを使ってそんなことをしてて、かっこいいな、と思って」

やりたいことが明確でしっかりした子だが、未経験者が続くことに一抹《いちまつ》の不安を感じる。2、3年生で6名しかいないコブシーズでは、すぐに試合に出られる人材は貴重なのだ。期待をこめて、最後の1年生に目を向けた。眼鏡をかけた彼《かれ》だ。

「星野ノブオです……ゴニョゴニョ……」

ん……聞き取れない。内気な子なのね。こんなときは、気の利く双子《ふたご》リクとカイが優しく対応する。

「緊張《きんちょう》してんの？　安心してよ！」

「煮《に》たり焼いたりしないからさ！」

笑いをとろうとしたようだが、余計に1年生の緊張を招いてしまったようだ。すかさずキャプテン・ツカサが、「で、なんて言ってたの？」とフォローに入った。

「バレーが好きで、毎日、していました……ゴニョゴニョ」

「えっ、そうなの!?」

意外な言葉にざわつく上級生たち。よかった、経験者が来てくれたんだ！　と思った矢先に、

「ゲームが得意です。eスポーツのバレーです」

一瞬《いっしゅん》の静寂《せいじゃく》。まあ……それも……バレーだよね。

「みんな、来てくれてありがとう！」

キャプテン・ツカサは不安を打ち消すかのように、大きめの声で歓迎《かんげい》した。

「そうだよ。いろいろな人が協力するのがコブシーズだからね」

コテツ先輩も後に続く。さて、どうなることやら……。

「係」って何？

その夜、キャプテン・ツカサからLINEがきた。

「みんな、今日はお疲《つか》れ様。何はともあれ新入部員が入ってよかった。せっかく入って

くれたんだから、一人一人を大切にしないと、またバレー部存続の危機になる。トオル以外は少しずつ練習に慣れてもらおう。それから、来週のミーティングで最後の大会までの役割分担を決めたいと思う。これまで岡崎先生に頼《たよ》りっぱなしだったことも、自分たちでやっていかなきゃいけない。とても俺一人の力では無理だから、みんなで役割分担を決めたいんだ。次回のミーティングで議論するから、そのつもりで！」

みんなから「了解《りょうかい》」のスタンプが送られた。

返信したものの、役割分担ってなんだろう。今はキャプテンがツカサ先輩、副キャプテンがコテツ先輩だ。これ以外に必要な役割って、あるんだろうか？　クラスなら保健係とか美化係とかあるが、部活に必要ない。そもそも「係」って何なんだ。市役所とか企業にも、考えてみればいろいろな係がある。気になり始めた俺は、いつものようにスマホで検索《けんさく》した。

「係（かかり）——ある仕事を受け持つ役。また、その役の人。かかわり・関係」

「系——組織だった分類。また、その部門。つながること」

ふむふむ。**係って「仕事を受け持つ」イメージだったけれど、人と人とがつながるためのもの**なのか。係みたいな役割があるからみんなで協力できるし、つながれるのだ。

そう考えると、コブシーズにとっても係は重要に決まっている。わかったことはすぐに教えたくなるもので、俺はLINEを開いた。

「ちにみに係ってさ。……こんな意味があるんだよ。知ってた？」

「まさにそういうことを話そうと思ってたんだよ！」ツカサ先輩から即《そく》レスがきた。

「みんなでどんな係が必要か、考えておこうぜ！」

「ゲーム分析《ぶんせき》の1年生。もう係が決まったようなもんじゃん！」

リク・カイから立て続けのメッセージ。同じ家に住む双子がLINEを通して意見交《こう》換《かん》しているのは、いつもながら変な感じだ。だけどみんなで議論することが大切だから、やりとりが目に見えるのは助かる。続いてリョウガから「『女子バレー応援《おうえん》係』を作ったらどう？」と、女子バレー好きの1年生・太田リョウヘイを巻き込むつもりのメッセージと、遅《おく》れて参加したコテツ先輩から起死回生の「俺、『いきものがかり』やるね！」という一言が流れたが、既読《きどく》スルーのまま夜が明けたのだった。

「3つの積木」で考える

翌週の放課後。「係」について話し合うミーティングが始まった。

「今日は1年生も入れて、役割分担の議論をしようと思う。部紹介のときも話したけど、うちの部は生徒が自分たちで運営していくことを大切にしている。今までお世話になっていた顧問の先生が退職されたから、俺たち一人一人が役割を担わないと、部を運営できない。キャプテン、副キャプテンで練習のことだけを考えていればよかったんだけど、そういうわけにもいかなくなったんだ。だから、1年生にも協力してほしい」

「ツカサはどんな係を作ろうと思っているわけ？」とコテツ先輩が聞くと、待ってましたとばかりに部活用ノートを開きながらツカサ先輩が答えた。

「実は、体育の風間先生に相談してみたんだ。自分たちで部活動を運営していくんだけど、どうやって協力したらいいのかって。あの人、地域のスポーツクラブにも関わっているって、岡崎先生から聞いていたんだ」

「え、あのサッカー部の風間先生？　あの人、なんか取っつきにくいんだよな。ちょっと怖《こわ》くない？」ザ・体育の先生、というイカツイ風間先生の風貌を思い出してカイが言うと、「でも、女子には優しいって評判だよ」とリク。「女子のことばかり考えてるなんて、サイテー！」とリョウガがふざけると、「お前が言うな」とばかりに1年生が笑った。1年生もリョウガのキャラがわかってきたね。続けてキャプテン・ツカサが言った。

「風間先生が言うには、**スポーツでも音楽でも何かしらの活動を続けようと思うと、3つの場面で課題が生じるらしい**」

そう言うと、ノートに描《えが》かれた3つの積木の絵を示した。一番上の積木には「練習・試合」、真ん中の積木には「組織・集団」、下の積木には「場・環境《かんきょう》」と書かれている。

「まず、俺たちが楽しんでいるのはバレーの練習や試合で、これは一番上の積木だ。

その積木が成り立つのは、一緒にプレーしたり運営したりしてくれる仲間がいるからだ。実際にコテツが部を離れそうになったときに、部は存続の危機になっただろう？　つまり、真ん中の『組織・集団』の積木がぐらついたから、一番上の『練習・試合』の積木もぐらついたってわけ。

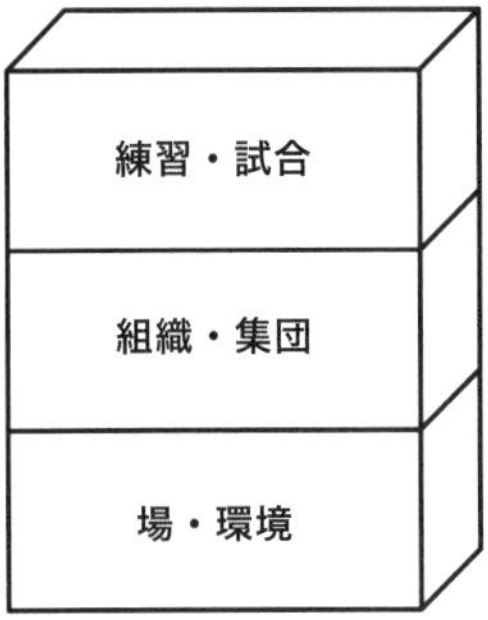

そんで、一番下にはバレーボールをするための場所、お金、時間にかかわる『場・環境』の積木がくる。校長先生は、施設《しせつ》とか場所の問題を理由にしてバレー部を廃部《はいぶ》にしようとした。けれど、俺たちは新しく地域に活動拠点《きょてん》を増やして続けることができた。つまり、『場・環境』という土台の積木がなくなっちゃうと、バレー部という『組織・集団』の積木も、『練習・試合』の積木も崩《くず》れてしまうんだ」

ふむふむ、さすがキャプテン・ツカサ。なんか先生みたいだ。けれど……、

「ツカサ先輩。よくわかりました。それと係がどう関係するんですか？」

高いところから天の声……と思ったら、新入部員の高木トオルが物怖《お》じせずに意見した。俺が言おうと思っていたことだ。

「うん。話を続けると、役割分担もこの3つの積木の視点から考えたらいいって、風間先生は言ってた。

つまり、それぞれの積木で課題が生じるはずだから、それに応じて係を作るってこと。例えば『練習・試合』の積木では、どうすれば勝てるんだ？っていう課題が生じる。その課題に取り組む係が必要になる。その係のリーダーを、ここでは『キャプテン』としよう。

次に、真ん中の『組織・集団』の積木では、みんなで協力して部を運営するための仕組みを考える係も必要だ。ここでのリーダーは『キャプテン』と区別して『部長』と呼ぶことにしよう。

そして、一番下の『場・環境』の積木も活動の基盤《きばん》だから、みんなで関わりながら整備していく必要がある。俺たちで言えば、市民体育館を借りたり学校の施設が使える日を調べたりする係だ。そのリーダーの名前は……ひとまず『環境リーダー』と呼ぶことにしよう。

こんな具合に、それぞれの積木で生じる課題をふまえて係とリーダーを決めるっていうことだ。この3つの係とリーダー以外に必要な役割って、他にあるかな？」

「ゲーム分析係！」

即座《そくざ》にカイが、1年生の国見ソウタを見ながら言った。ソウタはうれしそうだ。

「他はどうだ？」キャプテン・ツカサはノートにメモしながら言った。

「女子バレー応援係」と、リョウガがリョウヘイに視線を送りながら得意げに言ったが、キャプテン・ツカサは即座に却下《きゃっか》した。続いてリクが、

「ツカサ先輩。人数も少ないし、まだ自分たちで運営を始めたばかりでどんな課題が出

てくるかわからないです。

だからまずは、先輩の提案した練習・試合のリーダーになる『キャプテン』と、組織・集団のリーダーになる『部長』、そして、場・環境のリーダーになる『環境リーダー』を決めたらどうですか。

で、ここからが提案なんですが、各リーダーの下にサポートメンバーとして他の人が加わったらどうでしょう。まずは全員が３つの積木に分かれて、それぞれの係に所属するっていうことです。

昨日、タクヤのLINEを見て思いついたんです。係って、みんなでつながるっていう意味があるんでしょ。だったらリーダー任せにしないで、できるだけみんながつながれるように、サポートメンバーもつけたらどうかって」

うん、それはいいアイディアだ。まさにみんなで協力しながら運営するコブシーズのイメージだ。みんなが声をそろえた。

「異議なし！」

その後の話し合いで、

練習・試合係　ツカサ先輩（キャプテン）、国見ソウタ、高木トオル
組織・集団係　コテツ先輩（部長）、藤森リョウガ、太田リョウヘイ
場・環境係　大村タクヤ（環境リーダー）、向井リク、向井カイ、星野ノブオ

と決まった。当然、キャプテンはツカサ先輩。そのサポートメンバーにはゲーム分析がしたいソウタ。そして、早くもリーダーの風格が出ているトオルがついた。

組織・集団係のリーダー・部長は、コテツ先輩。そのサポートメンバーには、リョウガとリョウヘイがついた。このメンバーで大丈夫《だいじょうぶ》なのか、少し不安だな……。

そして、場・環境係のリーダーは、なんと俺・タクヤ。しっかりものの双子・リクとカイ。1年生でゲーマーの星野ノブオ。

さて、どうなることやら……と思っていたら、さっそく組織・集団係の1年生・リョウヘイが、「ツカサ先輩、僕《ぼく》たち1年生もLINEに入りたいんですけど……」と恥《は》ずかしそうに発言。

「リョウヘイ、良い点に気づいてくれた！　コテツ、組織・集団係の課題として取り組んでくれ」

早くも係を軸《じく》にした部活動運営が始まったのだった。

話し合いの仕方も一工夫

「それにしてもさ。なんか場・環境係って地味じゃね？　大切なのはわかるんだけどさ」

「俺も思った。キャプテンや部長に比べると、なんか華《はな》がないよな。雑用係っぽさがあるっていうか」

場・環境係になった俺とリク、カイ、ノブオは、みんなが解散した後もピロティに残っていた。

「ノブオはどう思う？」とカイがふると、

「僕もそう思います」とノブオがぼそっと答えた。

いや、なんか違《ちが》うぞ……、ここは環境リーダー・タクヤとして発言すべきときだ。

「俺たちの役割って、みんなで場・環境の積木を成立させる『仕組み』を作ることだ。例えば、用具の準備や片付けも俺たちがするんじゃなくて、みんなで実施するためにどういうローテーションを組むかを検討するのが役割だよ」

「でも俺たちが作って、みんなが納得してくれるのかなぁ?」リクがベンチから放り出した足をぶらつかせながら言った。

「リョウガとか文句言いそう」カイも同調した。

「ノブオはどう思う?」と再びカイがふると「僕もそう思います……」と緊張したままノブオがくり返す。さっきと同じやりとりに、みんながクスッと笑う。

いやいや、笑っている場合じゃない。リクとカイの不安ももっともだ。俺たちが「こうしたい」って提案して、それがちゃんと実行されるように何か仕組みが必要なんじゃないか?

こんなときのために、部長のコテツ先輩がリーダー用のグループLINEも作ってくれていた。さっそく相談してみよう。

「……というわけで、各係からの提案をみんなに知ってもらって、納得してもらえるような議論の場が必要だと思うんです。各係で決めたからみんな従え!っていうのも、なんかコブシーズっぽくないし」

キャプテン・ツカサから即レスがきた。

「俺、生徒会の役員もやってるけど、そう言えばいつも話し合いの前に、執行部《しっこうぶ》とか各委員会で『原案』を作ってるわ。で、そのまま承認されることもあるし、修正して承認されることもある。

そんな感じで、**何かアイディアが出たときには各係で『こうしたい』っていう原案を出してもらって、ミーティングでみんなで話し合ったらどうかな。**そこで承認されれば、みんな納得して実行できるからさ」

ふむふむ。生徒会って「面倒《めんどう》くさいことをやっている別世界のこと」と思っていたけど、こんなところで役に立つものなんだな。各係で原案を出して、ミーティングの場で審議《しんぎ》と合意をしてその後に実行する、という流れなら、みんなが納得できそうだ。「用具の準備・片付け」のローテーションも、原案として出してみよう。そこで議論をしていくうちに、場・環境の仕事＝雑用というイメージも払拭《ふっしょく》されていくかもしれない。

そんなことを考えていたら、コテツ先輩から「要はさ、ミニ生徒会ってことさ！」と、はじめからわかっていたかのようなLINEが流れてきた。どうやら今日は塾《じゅく》がないようだ。

すかさずキャプテン・ツカサが「コテツ。この議論の方法を話し合って、次回のミーティングで原案を出して！　組織・集団係の仕事だからよろしくな」と返信。

　みんなが参加して議論する仕組みを作るのは、組織・集団係の中心的な仕事なのだ。


　翌週のミーティングで、コテツ先輩はめずらしくプリントを用意してみんなに配布した。プリントには、こんな図が描《えが》かれていた。

　なるほど。よくまとまっている。何か課題が生じたときに各係が原案を作り、それをもとにみんなで審議をする。

　問題がなければ、みんなで原案を承認する。場合によっては、一部修正して承認ということもありうる。この場合、コテツ先輩は審議を差しもどして各係であらためて原案を作成する可能性も書いてくれている。やるねぇ、コテツ先輩。

「ノブオはどう思う？」「僕もそう思います」ってやりとり

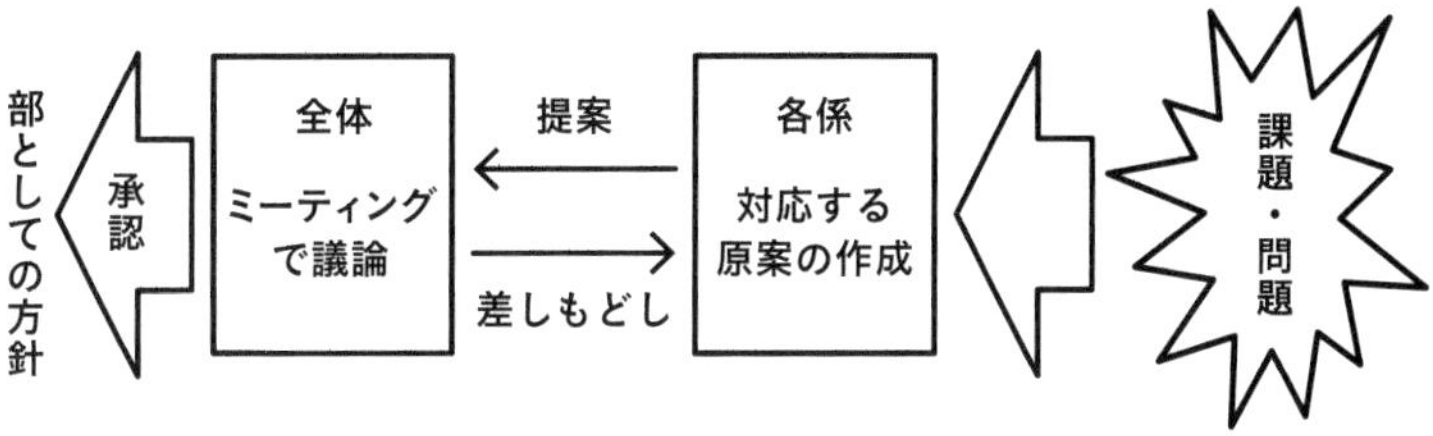

だけでなくて、「ちょっと違うと思います！」って言える場が大切なのだ。

各係で原案を作るときも、自由に意見が言える場を作っていく必要がある。そのほうが絶対にいい原案を作ることができる。そこはリーダーの腕《うで》の見せどころだ。

少しずつ、部活動を自分たちで動かしている気がしてきた。車もいろいろな部品が機能しないと動かないが、部活動も同じだ。それぞれの係が役割を果たして、みんなで動かしていかないと前に進まない。大変だけど、がんばらなくちゃ！

III
個性がいきる
部活の係

ブカツのヒケツ！❸

人と人をつなぐ役割とリーダー

個性的な新入部員が入り、役割分担をしながら、まさに組織として動き出した新生男子バレー部・コブシーズ。ちょっとスムーズに話が進みすぎている感もありますが、この手の本ではよくあることです。

さて、今回のストーリーでは、部活動において必要不可欠な役割分担に関わって、大切な論点が3つありました。それは、①**係の意味**（係とは何か）、②**3つの積木の視点**（どのような係があるか）、③**話し合いの方法**（どのように係を実行していくか）です。それぞれを振り返っておきましょう。

まず、①係の意味ですが、どうしても係というと、役割分担・仕事の分担というイメージがつきまといますよね。コテツ君ではありませんが、いきもの係というと、ウサギにエサを与える係というイメージが湧いてきます。しかし、本来の係の意味からすれば、ウサギにエサを与えるだけではなく、ウサギの成長に「みんな」で関わる仕組みを考えたり、ウサギが元気に育つことの喜びを「みんな」で共有できるようにアイディアを出すことが大切になります。それが係の「つながる」という意味です。

次に、役割分担や係を考えるうえで参考にした、②3つの積木の視点についてです。役割分担というと、キャプテンや副キャプテン、マネージャーといった、「ベタな」役割が思い浮かびますね。しかし、そもそも何かしらの課題があるから役割分担・係が必要なのです。まずは、**どんな課題があって、何のためにリーダーが必要かを考える**必要があるでしょう。キャプテン・主将は、何の課題を解決しているのでしょう。これが具体的に答えられないと、名前だけのリーダーということになります。どんな課題があるかを考えるとき、その課題は3つの積木、つまり3つの係に分けることができるはずです。そして、それぞれの係をまとめるリーダーが必要になります。

最後に③話し合いの方法です。係を決めて、特定の人に仕事を任せる・押しつけるだけでは、①にある係の半分の意味しか満たしていません。残りの半分の意味である「つながり」が不十分です。その点、コブシーズが各係でリーダーとサポートメンバーを分けて「つながり」を築こうとしたのは、グッド・アイディアでしたね。また、各係が原案を作り、みんなで合意していくプロセスは、まさに係を通した「つながり」を強化していくものでした。実社会でも同じですが「たたき台」のない議論は合意形成がしにくく、生産的でもありません。ですから、キャプテン・ツカサが言うように、生徒会などでは、原案・「たたき台」を通した議論をしているのです。その延長に学校の部活動もあるので、生徒会の議論が「面倒くさいことをやっている別世界」と感じていては、本当は困るのです。同時に、最近の部活動の実践では、74ページのようなシートを活用して、原案から承認までのプロセスが大切にされています。

さて、これらのことをふまえて、みなさんの部活動を振り返ってみましょう。

・各係は、部員全体の「つながり」を作ったり、維持したり、深めたりする役割を果たしていますか?
・3つの積木の観点からみて、他に必要な役割・係はないでしょうか。
・キャプテンやリーダーに黙ってついていくクセがついていませんか? みんなが意思決定に参加できる仕組みがありますか?「ノブオはどう思う?」「僕もそう思います」といったやりとりが多いようだと、ちょっと問題がありそうですね。

次に、さっそく以下の事例を参考にして、「部のみんな」が関われる仕組みを考えてみましょう。コブシーズのように人数が少ない場合は、3つの積木の観点から3つの係を設定して、幅広い課題に取り組めるようにすると良いでしょう。反対に人数が多い場合は、仕事・課題の内容に応じて、係の数を増やしても良いですね。例えば、以下の事例で言えば、練習・試合の係から戦術検討係を独立させたり、組織・集団の係から広報係を独立させたりするイメージです。もちろん、例示にない係を設定するのもアリです! 自由な発想で、みんなでアイディアを出し合いましょう!

■練習・試合に関する課題(係)
大会・試合のルールや規則を調べる/試合の作戦・プランを提案する/練習の内容を提案する/

練習試合の相手を提案する／VTR分析などを通して課題を示す／試合に向けてポジションを提案する

■組織・集団に関する課題（係）

ミーティングの進行をする／ミーティングの内容をノートに記録する／各係の連絡・調整をする／新しい係や役割について検討する／レクリエーションやイベントの企画をする／部内の連絡方法を考える／部の広報を検討する

■場・環境に関する課題（係）

練習の日程や場所を提案する／予算を提案する／予算の支払いをする／用具の準備や管理の方法を提案する／学外活動の移動方法を検討する／施設を借りる

○年　○月　○日　　　　　　顧問の先生の印（神谷）

議論の内容	議論の結果
・基礎練習の増加に伴い、練習時間の増加が必要になる(質問) →練習時間は増やせないので、準備と片付けの時間を 短縮することで対応する。 議論の内容を整理して記述する ・曜日ごとにメリハリをつける必要があるのではないか?(質問) →曜日ごとの練習メニューは来月から実施する。 次回のミーティングで原案を出す(回答)	確認 承認 修正のうえ承認 差し戻し
・1つのボールは、別の倉庫に保管してある(顧問) そのため現在、行方不明のボールは1個。 全体で情報を確認した時は「確認」に○ 審議をしたうえで了解した時は「承認」に○	確認 承認 修正のうえ承認 差し戻し
・適切な休養日を設定しないとケガをする恐れがある ・週末は学内・外の施設を利用することができない →明日、練習後にミニミーティングを開き、 再度、修正したスケジュールを提案する。 再度、原案を作り直して審議する際は「差し戻し」に○	確認 承認 修正のうえ承認 差し戻し
・各学年で1人ずつ出す案は賛成だが、 練習計画係の仕事も人手が必要であるため、 次の大会が終わるまでは、練習計画係と用具係の兼担で対応する。 原案を修正して承認したときに○をする その際は、修正した内容を、この欄で記録する	確認 承認 修正のうえ承認 差し戻し
・スポーツ大会の割り当てから外れた部員が対応する (強制ではない)	確認 承認 修正のうえ承認 差し戻し

右側２つの欄（「議論の内容」と「議論の結果」）は、
ミーティングの内容をふまえて各自で記録し、保管しておく。

サンプル部　　　議事録

議論の内容	原案及び連絡の内容
審議 連絡（報告） その他	発案者（ 練習メニュー係 ）　○○係・人名・リーダー名などを記入 ・新しい練習メニューについて　原案をコンパクトに示す （基礎練習の増加・別紙） 審議は、みんなで議論して決定する内容の時に○
審議 連絡（報告） その他	発案者（ 用具係 ） ・ボールを2個紛失した可能性がある。 あらためて、練習前後で用具の確認を徹底する。 また、紛失したボールを発見した時には、用具係に連絡する。 連絡（報告）は、特に議論する必要はないが、全体に周知する内容の時に○
審議 連絡（報告） その他	発案者（スケジュール管理係） ・試合前の2週間は、オフをなくして練習をする。 ・週末は午前と午後の2部練習とする。
審議 連絡（報告） その他	発案者（ マネジメント係 ） ・用具係の人数が少ないため、 練習計画係から各学年で1名ずつ異動させる。
審議 連絡（報告） その他	発案者（ 顧問より ） ・スポーツ大会の開催に向けて、 生徒会や体育委員会等だけでは人手が足りないため、 部活動でも手伝ってほしい。 顧問からの依頼などは、その他で対応

左側２つの欄（「議論の内容」と「原案及び連絡の内容」）は
ミーティングの前に記入し、部員の人数分、印刷しておく。

Ⅳ

先《せん》輩《ぱい》、部費って いくらですか？

部活と政治

週に1回のミーティングで各係から原案を出し、それをみんなで議論する。そんな流れが定着してきた。

原案を作るために各係の打ち合わせも必要だが、それは練習後や帰宅途中にコンビニで話したりした。これまでよりも部員の会話が増えた気がする。星野ノブオも最初はおとなしかったが、会話する場面が増えて緊張《きんちょう》も解けてきた。係の議論がなかったら、ボール拾いばかりやらされて、打ち解けるまでにもっと時間がかかっただろう。

いつもの帰り道、ノブオが言った。俺たち場・環境《かんきょう》係は帰る方角が同じで、帰りながらミーティングをしているのだ。

「ところでタクヤ先輩。バレー部って、部費はいくらなんですか？」

「部費？　今までは大会の前とか何か買ったりするときに集めているだけだよ」

「そうなんですね。わかりました。お母さんから聞かれてたんです。それじゃあ、また明日！　お疲《つか》れ様です」

「お疲れ〜！」

部費かぁ。お金の問題は3つの積木でいうと一番下の「場・環境係」の仕事だ。**お金がないとバレーができない。**場・環境係として議論しないといけないのかもしれない。実際、新年度になってから週に数回、市民体育館を借りるようになり、その都度部員から集金するのが面倒《めんどう》だと思っていたのだ。

そんなことを考えながらいつものようにリビングのソファでニュースを見ていたら、国会の審議《しんぎ》が話題になっていた。なんでも「予算審議」でもめているそうだ。税金はみんなから集めたお金だからね。大切に使ってもらわないと困るよ……とぼんやり考えていた。何に予算をつけるかによって、実施《じっし》できる活動もできなくなる活動もある。予算はまさに活動の基盤《きばん》なのだ。考えてみれば部活動と同じだな。遠い国会の話が、急に身近な話に思えてきた。

一番上の「練習・試合」の積木を崩《くず》したくないから、お金が必要になる。予算でもめているだけに見える政治家たちも、一番上の積木の部分にある「めざしている活動やビジョン」が違《ちが》うから、一番下の積木にある予算の考え方も違ってくる。そう考えると、お金の部分だけでなくその上にある積木まで見ないと、なぜもめているのかがわからないわけだ。それぞれの政党は何をめざしているんだ……インターネットで調べると……。あー、これは面倒くさいし後にしよう。

そんなことより部費だ。実社会の政治ともつながる重要なことみたいだから、やっぱりみんなで議論が必要だ。定期的に集める部費を作れば、今の集金の手間が少し省ける。まずは原案作成のため、俺は準備を始めた。

そもそも部費って何だ？

翌日の昼休み、顧問《こもん》の菅原《すがわら》先生を訪ねた。部費の原案を作り始めたものの、そもそも部費って学校からの援助がでているのかどうか、知っておこうと思ったのだ。以前に配られた生徒会の資料で「部活動の予算」と書いてあった記憶がある。

「あら、大村君。久しぶり。バレー部の新しい名前、コトブキだっけ？　がんばっているわね」

コブシーズだよ、コブシーズ。微妙に違うよ！　それはともかく、俺は本題に入った。

「先生、バレー部の部費っていくらなんですか？」

「部費っていわれると難しいわね。部費って、自分たちで集めたお金でしょ。たぶん大村君が聞きたいのは、学校として部活動にお金を出しているのかってことじゃない？区別するのであれば、公費って言ったほうがいいかもね。学校からは中体連⑥の加盟費や大会の参加に関わる費用が出ているわ。学校の教育活動として実施しているからね。その部分の負担は必要ないわ」

やっぱり、学校からもお金が出ているのだ。加盟費や大会の参加費用以外は自己負担ってことなのか？　バレーボールやネットも自分たちで買うわけ？

「バレーボールやネットは、他の予算で買うこともできるわ。だって、

⑥ 公益財団法人日本中学校体育連盟の略称。全国的な中学校体育大会の開催や各地域における大会の助成などをしています。

授業で全校生徒が使うものでしょ。それはバレー部の自己負担にはできないわ。そのかわり、バレー部だけで使用するものはバレー部の部費で買う必要があるし、さらに個人的に必要なものは『私費』で買う必要があるわね」

うーん。話がややこしいぞ。ちょっと持ち帰って、頭を整理しよう。

家に帰って、菅原先生に言われたことを思い出して場・環境係のノートに書き出してみた。

私費：自分にとって必要で、部内・外の「みんな」にとって必要とは限らないものを買うときに必要。野球部なら自分用のグローブ、バレー部ならサポーターなど。

部費：部内の「みんな」から集めるお金。このお金で購入《こうにゅう》するものは、部内の「みんな」にとって必要で学校にとっては必ずしも必要であるとは限らないもの。例えば、合宿での昼食の材料、全員でバスで移動するのであればその料金。

公費：学校全体の「みんな」に関わるものを購入するためのお金。運動部活動で言えば、体育の授業でも使う用具・設備など。

こうやって考えると、少し整理できそうだ。

バレー部の私費、部費、公費

私費、部費、公費の視点から、バレー部の予算を考えてみた。

・私費——自分で使うテーピング、サポーターなど。
・部費——部内のみんなで使う施設の使用費、合宿の費用など。
・公費——学校のみんなが使う可能性のあるバレーボールやネットなど。

ところで、ユニフォームってどうなるんだろう。部活動の大会は学校の教育活動として実施しているし、中学校の名前も入っているから公費負担になるのだろうか。だけど、全校生徒が必要としているものではないし……。明日、もう一度菅原先生のところに行ってみる必要がありそうだ。

翌日の昼休み、再び職員室を訪れた俺を見て、菅原先生は来ることを予想していたかのように、にっこりと微笑《ほほえ》んだ。

「こんな感じでまとめてみたんですけど……」

と、整理したノートを見せてみた。

「あら、よく書けているじゃない。毎月部費を徴収《ちょうしゅう》するのであれば、１年間の活動を見通して何をどれくらい買うのか、どんな活動に対していくらかかるのかを考えて総額を出すといいわよ。それを『予算』というのよ。そして、６月から部費を集めるとして、来年の３月まで残り10カ月あるから、総額を10で割り算するの。そんな感じで計算を進めていくと、毎月の活動費が出るでしょ？　それを部員の人数（10）で割ると、一人の負担額が出るわね。３年生が引退したら部費は払《はら》わなくなるから、それも考えないとね。君が苦手な数学みたいでしょ。大丈夫《だいじょうぶ》？　うふふ」

俺は慌《あわ》てて菅原先生の言っていることをノートにメモした。確かに数学は苦手だけど、部費の出し方はわかった。計算はあとにするとしよう。すると、思い出したように菅原先生は続けた。

「そうそう、バレーボールの購入に公費を当てにしているみたいだけど、これはちゃんと学校に申請《しんせい》しないと買ってもらえないわよ。顧問の私に何がどれくらい必要か言ってね。でも、必ず買ってもらえるわけでもないから、あまり期待しないでね。女子バレー部の用具と合わせて検討してみるわ。それから公費で買う以上、備品の管理はちゃんと

してもらわないと困るわ。あくまでみんなが使うものをバレー部が借用していると考えてね。失くしたら絶対にダメよ！」

ふむふむ。公費については「あらためて申請」と、メモしておこう。そうそう、肝心《かんじん》のユニフォームのことを聞くのを忘れるところだった。

「先生、ユニフォームって公費負担にならないんですか？部活動は学校の教育活動としてやっているわけだし、試合は公的な活動でしょ」

「そういう見方もできるわね。でも、使うのはあなたたちだけでしょ？」

ふむ。やっぱり、そう言うわな。部費で検討しよう。そう思った矢先に、菅原先生は何かのスイッチが入ったのか、続けて話し出した。

「そもそも部活動って、公的な活動なのか私的な活動なのか、曖昧なのよ！⑦ 公的な活動ならもっと学校の予算を増やしたり、教師の数を増やして部活動に関われるようにする必要

⑦ 先生たちの勤務時間外の労働は、政令によって基準が示されています。具体的には、①生徒の実習、②学校行事、③職員会議、④非常災害等の緊急時の措置となっており、そこに部活動の指導は含まれていません。その一方で学校教育の一環として大会が開催されたり、推薦入試で評価されたりする現実もあり、多くの先生たちはそのような曖昧な労働環境における指導に苦労されています。

があるのに、そうなっていないし！　逆に私的な活動なら、学校外で実施できる条件整備をする必要があるわ！　曖昧なのよ！　まったく！」

何やら大人の話になってきた。先生、また来まーす！

ユニフォームって部費？　私費？

その日の練習終了《しゅうりょう》後、さっそく場・環境係のメンバーに集まってもらった。

「……というように、菅原先生と話してきてさ。次のミーティングに出す原案の原案を作ったんだけど、見てくんない？」

ノートをのぞき込んだリクが、

「原案の原案って面白いね。確かにミーティングに出す原案の前の『たたき台』だから『原案の原案』だわ」と言うと、

「えーお金、とられんの？　双子《ふたご》割引ってない？」と、カイが続ける。

「先輩、僕《ぼく》の話、気にかけてくれてたんですね。ありがとうございます」ノブオがはにかんで言う。

続けて、具体的な運用について説明する。

「一応、3月までに施設を借りる回数をふまえて予算の総額を出して割り算をした。これが部費になる。個人で使用するテーピングは私費で対応。用具としてはバレーボールが少しへたっているから、とりあえず公費で10個、申請してみようと思う」

すぐに「で、肝心の部費の金額はいくらなの？」とカイが急かす。気になるよね。だけれども……。

「まだ金額を出せていないんだ。実はユニフォームは公費負担にならないから、部費か私費で対応しなきゃいけない。部費に組み込めば、全員が負担する金額は増える。私費で対応するのであれば、例えば上級生だけが購入するようにすれば、部費は増えない。全員がユニフォームを作るのであれば、私費でも部費でもいいと思うけど、毎年、ユニフォームを作るわけじゃないし、今も先輩が使っていたものを使っている。そう考えると、『ユニフォーム代そのものがいらない』って考え方もできる。だから、この問題を解決しないと、部費が決められないんだ」

「うーん、思ったよりも難しい問題だ。ノブオはどう思う？」カイがいつものトスをノブオに上げた。

「先輩、まずはユニフォームを作るかどうかを決める必要がありますね」

「え！　いつもみたく『僕もそう思います』って言わねーの？　ここ、言うところじゃね？」ノブオの意外なリアクションにリクはうれしそうな顔をしている。

「あ、すみません……！」

謝るノブオに一同が笑った。それでいいんだよ、ノブオ。謝る必要ないよ。さてと、ここからが原案づくりだ。

「みんな、ユニフォームってどうしたらいいと思う？」

「今の部員数（10人）なら全員が選手登録できると思うから、とりあえず全員分のユニフォームは必要だよね」リクが答えた。

「先輩たちが残していったユニフォームって、まだ着ることができるよな。っていうか、普通《ふつう》に着てるし！」カイの指摘もその通りだ。

ノブオも「トオルは背が高くてちょっときついけど、なんとか着られるって言ってました」と発言した。

「じゃあユニフォームは今年は購入しないで、予算には組み込まないという原案にしよう。ただ、私費と部費のどちらで買うのが望ましいのかは『先送り』にしているから、今後の検討課題だ。そのことも合わせて報告するよ」

俺がまとめると、みんな了解《りょうかい》してくれた。

「その前提で部費を計算すると１カ月一人１０００円になる。初めて作る予算で不透明《ふとうめい》なところもあるから、ちょっと余裕《よゆう》を持たせて多めにした。余ったら翌年度に持ち越《こ》したいと思っている」

「え!?　ユニフォームを買わないことも想定して、事前に予算を作ってきたの？ってことは、部費や私費で購入する場合も想定した予算書も用意してたんだ！　タクヤ、やるじゃん！」リク、鋭《するど》いね。いいところに気づいてくれた。

「さっき、予算が組めないって言ったのは、俺たちの意見を引き出そうとしていたわけね。うまくやられたよ！　ノブオはどう思う？」

「僕もそう思います！」

和やかな雰囲気《ふんいき》で、予算の原案ができあがった。

お金はどこで保管する?

週に1回の全体ミーティングがやってきた。場・環境のリーダーとして、みんなで練った原案の説明をする。

「……ということをふまえて、今年はユニフォームを買わないで、部費として毎月1000円を徴収したいと思います。ただ、この部費からは練習試合の交通費、個人で使用するテーピングなどは出せないので、それは私費で対応してください」

「異議なし!」

しばらくの吟味《ぎんみ》の後、全員から賛成をもらうことができた。よかった。原案が通るとホッとする。リラックスモードに入ろうとしたら、横からリクに「タクヤ! 追加説明、ユニフォームの件!」と、ささやきかけられた。そうだ、先送りにしたこともあったんだ。

「承認ありがとうございました。それから追加で説明なんですけど、今回の議論ではユニフォームを部費で買うのがいいのか、私費で買うのがいいのか、結論は出ていません。次回購入のときにあらためて審議する必要があるので、みんな覚えておいてください」

「了解でーす！」全員が元気よく返事した。

やれやれ、あとは来月からお金を集めるだけだ。そのとき、重要なことに気がついた。集めたお金ってどうすればいいんだ？ 10人から1000円、合計毎月1万円。失くしたらヤバいな。まだ仕事は終わっていなかった。ここからが大切だ。

全体ミーティングが終わると、俺は場・環境係を引き止めた。

「でさ、集めたお金、どうしよ……。俺、お金を持ち続けるプレッシャーに耐《た》えられそうもないわ。リクとカイは二人だからさ、二人で管理すれば安心じゃない？」

「そんなこと、ないわ！」リクが全力で否定した。

「そんなに俺たちのこと、信用していいの？」カイが人の悪い笑顔を浮《う》かべる。

そう言われると、ちょっと不安。そうかといってノブオも入ったばかりだし……と思っていたら、

「先輩！」とノブオ。え、もしや……！

「学校は預かってくれないですかね？」

びっくりした、「自分がやります」って言うのかと思った。さすがに言わないわな。

しかし、ノブオの提案が現実的だろう。

「失礼します！」職員室の扉《とびら》を開けると、菅原先生が待ち構えていたかのようにこちらに視線を向けた。事情を説明すると、

「いいわよ。中学生だとお金の管理にはちょっと不安があるかもしれないわね。女子バレーはこの袋《ふくろ》、男子バレーはこの袋に入れて、学校の金庫で管理するようにしましょう。ただ、使用した金額と残金を管理するのは自分たちでやってごらんなさい。今、いくら袋に入っているのか、そこから何月何日にいくら引き出したのか、もしくはもどしたのかをきちんと、その都度、記録しておくの。お金を支払った先からは、レシートや領収書をもらっておくことも忘れないでね」とアドバイスをくれた。

なるほど、銀行の通帳みたいなものを自分たちで作っておくのね。お金を管理するためのノートも必要になりそうだ。ゆくゆくは部活動の口座を自分たちで作ればいいなぁ。それまでは学校の金庫から引き出すとき、もどすときは、他の部員にもついてきてもらおう。みんなから集めたお金だ。大切に管理して使わなくてはいけない。なんか俺、政治家みたいなこと、言ってんな。

自治の基盤にカネがある

場・環境のリーダーとして活躍し始めたタクヤ君。なかなか頼もしいですね。ノブオ君もうち解けてきました。部活動で役割分担が進みミーティングで原案の審議などもおこなうと、練習・試合以外にも会話が広がり、内容も深くなっていくのです。

さて、今回はお金の話でした。お金の話はリアルすぎるし面倒くさいしで、あまり部活動内で議論されていないかもしれませんね。しかし3つの積木で言えば一番下にある基盤ですから、部活動運営で避けられない課題です。もし、部活動でこの課題について議論していないとすれば、教師や保護者が解決してくれているのでしょう。つまり、大人がみなさんの活動をお膳立てしてくれているということになります。

これはありがたいことなのですが、実は困ることでもあります。活動の土台を誰かに全部任せてしまうと、その人に依存してスポーツをするようになってしまうからです。今から100年以上前、スポーツはお金を持っている人、施設を自前で用意できる人が中心となっておこなわれていました。経済的な援助をしてくれる人のことを「パトロン」と呼びますが、当時のスポーツはまさにパトロンに依存した「パトロナイズド・スポーツ」でした。そこではルールを考えたり変えたりするのも、裕福なパトロンたちでした。一番下の積木（場・環境）を支配していたので、その影響力が一番上の積木（練習・試合）にも及んでいたのです。

しかしその後、労働環境が変わり、パトロン以外の市民も裕福になり、政治やスポーツに参加するようになります。自由や平等を重視する市民が参加することで、「パトロナイズド・スポーツ」から平等なルールで競い交流や社交を大切にする現在のスポーツに転換していきました。

もっと身近な例として、日本の企業スポーツが挙げられます。企業スポーツは日本のトップレベルのスポーツですが、不景気になると企業がクラブを維持するためのお金を払えなくなり、クラブは潰されます。「場・環境」を整える企業の援助・お金がなくなり、上にある組織・集団の積木（クラブ）や、練習・試合の積木（大会への参加など）が成立しなくなるのです。そこで重視されるのはクラブの判断ではなく、「場・環境」に関わっている企業の判断となります。それでは困るということで、最近では特定の企業だけに依存せずにいろいろな人たち（ステークホルダーといいます）の協力を得ながら自分たちでクラブを作り、「場・環境」の積木をコントロールする取り組みが始まっています。

日本はスポーツ基本法でスポーツをすることを権利として認めており、施設・設備を整備する責任は国や自治体にあります。しかし、自分たちの望むようなクラブ・部活動を実現するためには、「場・環境」の全部を依存することは危険です。今回のように私費、部費、公費という観点でお金の流れを整理すると、「パトロナイズド・スポーツ」になっていないか確認できます。

みなさんの部活動において、私費、部費、公費のバランスは、どうなっていますか？

一度、確かめてみましょう。遠い世界の話と思っていた政治の議論が、身近に感じられるかもしれませんよ。

V ガイドラインを作るのは誰か？

いつやるか？　毎日でしょ！

部費についての議論が決着した次の週のミーティングでは、キャプテン・ツカサの気合いがみなぎっていた。

「練習・試合係から提案です。3年生最後の大会に向けて、基本的にすべての土曜日、日曜日を練習にあてたいです！」

部員からはどよめきがあがった。

「えー、毎週土、日はきついですよ！」

「俺、塾《じゅく》の模試があるから出られないときがある」

「いやいや、卒業した先輩《せんぱい》たちもそれくらいやってたし」

「女子バレーと合同だったらいいなぁ」

原案にみんながザワついた。そんなことはお構いなしにツカサ先輩は話を続けた。

「どうしても実践《じっせん》形式を通してチームの課題を明らかにしたい。つまり、練習試合だ。ソウタには分析《ぶんせき》の準備も進めてもらっている。もともと俺たちって攻撃《こうげき》力で課題があったけど、高身長のトオルがきて、その課題の突破口《とっぱこう》が見えてきた。あとは試合に慣れて、力を出し切れるようにしたいんだ！」

「そりゃそうだけどさ……」コテツ先輩がためらっているのを感じる。確かにツカサ先輩のやる気はわかるけど、そもそも毎週、練習試合ってできるのかな？　学校の体育館や市民体育館って空いてんの？　場・環境《かんきょう》係としては現実的な問題を考えてしまう。

「ツカサ先輩！　場・環境係から質問なんですけど、そもそも試合をやる体育館って空いてますか？　前回提案した部費では、そこまで施設《しせつ》を借りることを想定していませんでした。もし、今回の原案通りに借りるとなると、部費の値上げが必要です」

「そうか。そこまで考えていなかった。あらためて場・環境係と相談して、次回のミーティングで提案し直すことにするわ」ツカサ先輩は潔く原案をひっこめた。

「じゃ、差しもどして再審議《しんぎ》ね」コテツ先輩はそう言いながら、ノートに記録した。係が決まってから、組織・集団係がミーティングの内容をノートに記録したり、ミーティングの司会をしたりしている。

続けてツカサ先輩から「タクヤ。悪いけど、学校の体育館が使える日、調べてきてくれない？　特に大会までの土曜日と日曜日。週末、学校の体育館が使える日に、練習試合を入れたいんだ」と要請《ようせい》された。感心している場合じゃなくなった。宿題をもらっちゃったよ。でも、場・環境係の仕事だからね。

「了解《りょうかい》です！」

国のガイドライン

学校の体育館のスケジュールは、いつも菅原《すがわら》先生に教えてもらっている。ツカサ先輩からの司令をうけ職員室に行ってみたが、残念ながら菅原先生は出張で不在だった。明日出直そうかと思っていたら、久しぶりに白髪《しらが》ジジイこと、校長と遭遇《そうぐう》した。

「大村君。なんだかがんばっているみたいじゃないか。菅原先生から話は聞いているよ。今日はどうしたんだね？」

うーん、面倒《めんどう》くさいな。でも、これまでの俺の悪態で悪い印象を持たれていることは間違《まちが》いないから、ここは丁寧《ていねい》に接して挽回《ばんかい》しないと……。俺は冷静に答えた。

「……という議論があって、体育館が使える日程について調べにきました」

しゃべり終わらないうちから、校長の表情が曇《くも》りだした。

「大村君、ちょっと校長室に来なさい！」

えー！　何にも悪いことしてないじゃん！　なんで？

戸惑《とまど》いながら俺は校長室へ行く羽目になった。

「大村君。今、**スポーツ庁から運動部活動のガイドライン**⑧っていうのが出されていてね。君たちが望むようなスケジュールでは練習ができないんだ」

校長はそう言うと、そのガイドラインを見せてくれた。

そこには、

・学期中は、週当たり2日以上の休養日を設ける。（平日

⑧ 2018年に出された「運動部活動の在り方に関する総合的なガイドライン」のこと。教員の長時間労働の改善と、部活動に休息を設けることを目的に策定されました。ちなみに文化部に対しても同年に、文化庁から「文化部活動の在り方に関する総合的なガイドライン」が出され、運動部で示された方針が踏襲されています。

は少なくとも１日、土曜日及《およ》び日曜日（以下「週末」という。）は少なくとも１日以上を休養日とする。週末に大会参加等で活動した場合は、休養日を他の日に振《ふ》り替《か》える。）

・１日の活動時間は、長くとも平日では２時間程度、学校の休業日（学期中の週末を含《ふく》む）は３時間程度とし、できるだけ短時間に、合理的でかつ効率的・効果的な活動をおこなう。

と書かれていた。つまり週に２日は休んで、平日の活動時間は２時間ぐらい、週末は３時間ぐらいが部活動の時間の目処ということか。キャプテン・ツカサが希望する、すべての週末を練習試合に使うというのはできないようだ。

しかし、そもそもなんでこんな基準があるんだよ。白髪ジジイがバレー部をなくそうとしたときに言ってたことと違《ちが》うぞ。あのときは、「部活動には時間の決まりがない」って言ってたじゃないか……。

言うことがコロコロ変わる大人のやり方に頭がカッとなりかけたが、ここでケンカをしても変わらない。俺は冷静にたずねた。

「校長先生。以前、『部活動をやる、やらないは、学校で決めていいんだ。授業は週に何時間やりなさいと国が決めているけど、部活動にはそれがない。無理のない方法を学校で考えてやるものなんだ！』って鼻息を荒《あら》くして言ってましたけど、結局、時間のルールはあるのですか？」

「大村君。『鼻息が荒い』って部分は余計だぞ。それはともかく、確かにあのときはそう言った。実際に授業のように部活動には『週に何時間やりなさい』という決まりはない。しかし、反対に『週にこれ以上、やってはいけない』っていうルールが最近、作られたんだ。先生方の勤務時間が長すぎるのが問題になったことと、君たちのように練習をしすぎて体を壊《こわ》してしまうこともあるからね。だからさっき見たガイドラインにも『週当たりの活動時間における上限は、16時間未満』って、補足説明もされているんだよ」

あー、面倒くさい。「これだけやりなさい」っていう時間のルールがないのに、「これ以上やったらダメ」っていうルールがあるって、意味がわからない。そもそも自分たちが好きでやっている活動なのに、なんで時間規制があるんだよ。はっきり言って、ケガとか余計なお世話だよ。そんなモヤモヤを抱《かか》えたまま、俺は校長室を後にした。

ガイドラインを飼い慣らす

　モヤモヤした気持ちを整理するには、仲間に相談するのが一番だ。場・環境係で話そうと思ったが、白髪ジジイの話を聞く限り部活動全体に関わる問題のようなので、ひとまず各係のリーダーと相談することにした。

「……ということを白髪ジジイに言われたんです」

「ってことは、そもそも施設が空いていたとしても、週末のすべてを練習試合にするのは難しそうだな」キャプテン・ツカサは腕《うで》組みをし直しながら言った。

「それどころか、今よりも練習時間は短くなるかもしれない。せっかく最後の大会に向けてがんばろう！って、気持ちを入れ替えたところなのに……」

　土日に練習をすることに難色を示していたコテツ先輩も、大会に向けてその必要性を感じ始めていた。その出鼻をくじかれ、複雑な表情だ。

「でも、練習時間に関しては確か白髪ジジイが『週当たりの活動時間における上限は、16時間未満』って言ってました。ガイドラインの日数と時間をちゃんと守ったうえで、平日1日を休みに当てるとして、2時間×平日4日で8時間。それに週末1日3時間を加えて11時間だから、まだ5時間の余裕があります。だから、少しオーバーしても許容範囲《はんい》かもしれませんね」俺は言った。

「もしくは、全員で集まらないで個別にする『自主練習』をするかだなぁ。そのあたりのことは、練習・試合係で検討することも可能だ」とキャプテン・ツカサが続く。

「自主トレとかさ、一人でやるのもしんどいから、グループ分けするといいかもね。今の係と同じじゃなくて、他の人とも交流が深められるように、違《ちが》ったグループでトレーニングをできるように、組織・集団係でグルーピングを考えてもいいよ」コテツ先輩の表情からも陰《かげ》りがなくなっていた。

「週に2回の休養日のうち1日は、ミーティングにしたらどうでしょう。ミーティングは頭は使っても体を休めることができますからね。実際に、自分たちで運営するようになって話し合うことが多くなってますし、今までみたいに練習後じゃなく、思い切ってミーティングの日を作ってしまうということです」

「ガイドラインの日数や時間に合わせることも大切だけど、限られた時間で練習を効率化させることも大切だよな。特に俺は塾があるからね」

「よし。いろいろな意見が出たから、少し整理して今度のミーティングでみんなに相談をしよう。それぞれの係にまたがる問題になってきたから、この原案は『リーダー会』で作ろう。

タクヤは明日、あらためて菅原先生に体育館の空いている日程と、市民体育館の予約日を確認してほしい。

コテツはタクヤから施設の状況《じょうきょう》を聞いて、みんなで練習日を決められるように何かワークシートみたいなものを準備しておいてほしい。俺も作成には協力するよ。できれば、限られた日程と時間でどんな練習をするのかも議論したいからね」

話はまとまった。

最初はガイドラインなんて面倒くさいと思ったけど、時間が規定されることでかえってどんな活動にしていくのか、方針を決めるきっかけになった。ガイドラインで示された活動日数と時間は、3つの積木の一番下にある「場・環境」に関することだ。ガイドラインがあることで、この活動の土台をどんな規模のものにするのか、その目安が示されたことになる。

一番下の積木の目安がわかると、「組織・集団」や「練習・試合」の積木も、どうしたら崩《くず》れないか、うまく上に乗せることができるか、議論しやすくなるのだ。

大切なのは、国のガイドラインだからといってビビらないで、自分たちでガイドラインを使いこなし、飼い慣らせばいいってことか。白髪ジジイもそう言ってくれればいいのに。

ガイドラインを基本に、スケジュールを組む

「最後に、リーダー会から原案を出します」

キャプテン・ツカサが言った。

「前回、練習・試合係から『大会まで休みなし』の原案を出したけど、その後タクヤが校長先生から国が出した運動部活動のガイドラインについて聞いてきた。そこで示された方針は、プリントに書いてある通りだ。この時間規程に合わせて練習のスケジュールを立てていくことが必要だ。

だけれども、ガイドラインに振り回されずにコブシーズらしく『俺たち、どうしたい？』って観点も大切にしたいと思う。

そのために、これからの練習のスケジュールをみんなで話し合いながら決めていけれ

ばと考えたんだ。いずれにしても、これまでよりも効率的で密度の濃《こ》い練習が求められるから、みんな遠慮《えんりょ》せずに意見を出してくれ」ツカサ先輩は一息に説明すると、みんなが理解できるまで一呼吸待った。

「で、計画を円滑《えんかつ》に作るためにワークシートを作ってきた。部長のコテツから説明して！」ツカサ先輩の目配せで、コテツ先輩は全員にワークシートを配布した。

「手元のシートを見てほしい。どうしたら、みんなで練習スケジュールが立てられるかを考えて作ってみたんだ」

ワークシートは、1カ月のカレンダーになっている（105ページ）。カレンダーの横にはいくつかの欄《らん》が設けられていた。

「まず、横の欄に注目してほしい。『学校行事』と書いてある欄は、職員室の黒板にも書いてある学校の予定で、コブシーズに関係しているものを拾い上げてみた。例えば、29日と30日の期末テスト。テストの1日目と、その前の3日間は部活動をやらないルールになっている。そういう学校のスケジュールは無視できないからね。それを菅原先生に教えてもらって書き込んでいる」

テストあるの忘れてた！　リクとカイが慌《あわ》てている。構わずにコテツ先輩は続ける。

令和1年度○月　スケジュール表（男子バレー部）部　記入者（　羽兼テツ　）

今月の目標（技術）	今月の目標（集団）
例）カバーリングの動きを丁寧にする	例）ボールを紛失しないように 事前・事後の確認を全員でする
今月の練習で重視するメニュー①	**今月の練習で重視するメニュー②**
例）サーブカットの動きを確認する練習（声を掛け合う）	例）ブロックカバーからの攻撃（ブロックの面を意識する）

日	曜	学校行事	施設利用可	部活実施日	日	曜	学校行事	施設利用可	部活実施日
1	月	安全点検日　月曜授業	○		16	火		×	
2	火		△		17	水		○	
3	水		△		18	木		○	
4	木		○		19	金		△	
5	金		○		20	土		△	
6	土		△		21	日		○	
7	日		○		22	月		○	
8	月		△		23	火		○	
9	火		△		24	水	木曜日授業	×	
10	水	職員会議15:20	×		25	木		△	
11	木	水曜日授業	○		26	金	テスト前・部活休止期間	×	
12	金		○		27	土	テスト前・部活休止期間	×	
13	土		○		28	日	テスト前・部活休止期間	×	
14	日		△		29	月	期末テスト・部活休止期間	×	
15	月	避難訓練・小中合同集団下校訓練	×		30	火	期末テスト	△	
					31	水		○	

振り返り	
目標（技術）の達成状況（一つに○）	目標（集団）の達成状況（一つに○）
達成できた　どちらとも言えない　達成できなかった	達成できた　どちらとも言えない　達成できなかった

今月の活動日	今月の休養日
（　　　）日	（　　　）日

提出日　□月　△日

「で、そのスケジュールの隣《となり》に『施設利用可』の欄がある。そこに○、△、×が入っていると思う。

○は学校の体育館で活動できそうな日。他の部活動の予定を聞いてもらった。で、△が入っているのは学校が使えないけど、市民体育館で活動できる日。ぜんぶタクヤに調べてもらった。×は、どっちも使えない日だ」

そう、俺が調べてきたんだよね。ただ、あくまで予定だからボサッとしてたら予約されてしまう。事前にスケジュールがハッキリすると、施設も予約しやすいし他の計画も立てやすくなるから助かるのだ。

「で、その右側の空欄『部活実施日』に、部活をおこなう日は○、ミーティングの日は◎を書いていく。

さっきのガイドラインの方針も頭に入れながら、休養日を組み込んだ練習日程をみんなで決めて、部活実施日の欄に○を入れていくんだ。そんで、休養日2日のうち1日は、ミーティングの日にしたい。ガイドラインで意図されているように、ケガの予防もふまえて体を休めるのと、これまでよりもミーティングの内容が増えてきたから、それに対応する意味がある。

ここまでをまず進めたいと思ってるんだけど、いいかな?」

「了解でーす」

「じゃあ、部活実施日のところに○と◎を入れていこうぜ」

「この日、△になってるけど、塾でいけないわ」と、コテツ先輩。

「僕《ぼく》もVリーグの女子バレーの試合を見に行きます」と、リョウヘイ。

「じゃあ、この日は休みにしよう。他には……」

「この日のミーティングは練習試合の反省とゲーム分析の日にしてください」と、ソウタ。

そんなふうに、○や◎をつける作業が進んでいく。いい調子だ。すべての日程が決まると、キャプテン・ツカサが言った。

「よし、一応練習の日程は決まった。今月はちょっと休みが多くなる。休みの日には、各自で自主練習に取り組めるようにしたい。後日、練習・試合係から自主練習のメニューを配布するので、各自そのつもりでいてくれ」

「自主練習はグループに分かれておこなう。いつもの係とは違うグルーピングにするから、グループ分けは組織・集団係にまかせてくれ。後日、練習メニューと一緒《いっしょ》に渡《わた》します！」と、コテツ先輩。

さあ、これで完成だ！と多くの部員が思ったが、ワークシートの上には、まだ埋められていない大きな空欄がある。「今月の目標（技術）」「今月の目標（集団）」と書かれている。ツカサ先輩はその疑問に気づいたかのようなタイミングで、説明を続けた。

「次は、スケジュールの上部にある今月の目標について決めていきたい。限られた日数と時間で、何を目標にするかを考えておくことは重要だ。『今月の目標(技術)』の欄には、その月に獲得《かくとく》する必要がある技術・戦術の目標を考えよう。

その隣には『今月の目標（集団）』って欄がある。みんなで協力して運営しないと効率的に練習ができないから、集団の目標も決めるようになっている。自分たちで目標を決めたほうが、守ろう！って意識が持てるし、やる気が高まるからな。

さっそくだけど、みんなで目標も決めていこう」

たしかに、部の課題を共有することはチームが強くなるための「はじめの一歩」だもんな。「あの……」と遠慮がちに1年生の高木トオルが話し始めた。

「南中バレー部ってレシーブの技術が高くて、けっこうきわどいボールも拾えるのが強みだと思います。一方で、つないだ後の攻撃に課題があると思います」

それについては、2、3年生も以前から感じていたことだ。リクが続いた。

「日数と時間が限られているから、いいところを伸《の》ばすか、弱点を減らしていくか、どちらかに絞《しぼ》ったほうがいいんじゃね？」

「やっぱ決定力はつけたいよな。俺は弱点克服《こくふく》のために新しい練習メニューを増やしたいかな」

カイの提案に、リョウガが賛同した。

「そうだな。他にも大会までに解決しなきゃいけない課題を整理しようぜ」

「あの……ボールを一つ紛失《ふんしつ》しているので、あらためてみんなで用具の準備や管理をする必要があるかと思います。集団の目標として検討してください」とノブオ。部の運営にかかわることも集団の目標になるのか。なるほど。

その後もいろいろな意見が出てきた。ガイドラインって、その枠《わく》に収まろうって思うと面倒だけど、自分たちで飼い慣らせばいい感じになるじゃん！　あ、忘れてた。最後に、場・環境のリーダーの仕事があったのだ。

「部活動実施の日程について決まったので、みんなで役割分担をしながら練習や試合に取り組んでいければと思います。

これからは月末にミーティングを開いて、その月の自分たちの目標の達成状況、活動日、休養日を振り返って、次の月の計画に活かしていこうと思います！」

何ごとも振り返りや評価が大切だ。反省しないと人は成長しないからね。毎月、こんな感じでみんなで改善点を話し合いながら、目標や計画を立てて実行していけば、練習は効率的になるのではないだろうか。

白髪ジジイと再び、対決

「失礼します！」

俺は校長室に来ていた。何度来てもこの雰囲気《ふんいき》、馴染《なじ》めない。けれど、ガイドラインの件でダメ出しを受けた前回のリベンジをしてやるのだ。俺は気合いを入れて入室した。

「おー、大村君。ガイドラインをふまえて計画を立ててみたかね？」

「はい、こんなシートを使って、スケジュールを作ってみました！」

しばらくシートを見ていた校長は、少し鼻息が荒《あら》くなってきた。大丈夫《だいじょうぶ》か、もしかして、俺、また怒《おこ》られんの？

「これだよ！　こういうのがほしかったんだよ。実はガイドラインでは、学校長が活動日数や時間を管理したり、ホームページで公表したりすることが求められていてね。困ってたんだ。こういうやり方をしてくれると、活動日数や時間が管理できて助かるよ！さっそく、職員会議で他の部活動にも勧《すす》めてみよう！」

校長はそう言いながら俺の肩《かた》をバシバシ叩《たた》いた。なんか喜んでくれたみたいだけど……別に校長の管理を手伝ったつもりはないし、モヤモヤするぞ。

「校長先生。ガイドラインの情報、ありがとうございました。日数と時間の目安があることで、練習計画について考えやすくなりました。**大切なことは日数と時間をふまえて、『どんな活動をするか』を考えること**だと気づきました。

だから校長先生も日数と時間を管理するだけじゃなくて、コブシーズの活動内容にももっと関心を持ってください」と言うと、校長は目を丸くして「もっ、もちろんだよ。アハハ」と取り繕《つくろ》うような笑顔を作った。してやったり！　もっとガイドラインを飼い慣らさないとダメだよ、校長先生！　俺はすっきりした気持ちで校長室を後にした。

ブカツのヒケツ！❺

ガイドラインとクラブの自治

自分たちのスケジュール表を作ったコブシーズ。たくましいですね。今回の話は、私と一緒に研究に取り組んできた、宮城県塩竈市の中学校の実践を参考にしています。本文中で出てきたシートも、その中学校で使われていたものを修正したものです。作業の進め方も、タクヤ君がたどった道とほぼ同じです。ガイドラインの内容にふれて、定期的に体を休めることの大切さを示し、学校のスケジュールを参照しながら、自分たちで日程、時間、目標などを考える、という流れです。

この取り組みで大切なことは、活動日や時間の議論だけにとどめずに、それを基盤にしてどのような練習や組織運営をしていくのか、にあります。ガイドラインで示された部活動の日数や時間は、3つの積木で言うと一番下の積木「場・環境」にあたるものです。当然のことながら上にある「組織・集団」「練習・試合」の積木にも影響します。そのため、自分たちの決めたスケジュールでどのような課題に、どのように協力しながら取り組むのかまで考える必要があるのです。

しかし、タクヤ君のように、自分たちが好きでやっている活動が規制されることに、納得がいかない人もいるかもしれませんね。「ブカツのヒケツ①」でもふれたように、クラブという言葉には「自治」という意味が含まれているので、本来であれば、国ではなく自分たちで練習に必要な日数や時間を決めるのが自然です。そう考えると、国のガイドラインは、クラブ・部活動の

「自治」に対する越権行為という見方もできます。ですから、ガイドラインの規制以上に練習や試合がしたいという部活動があっても、当然のことだと思います。

では、そういう部活動は、ガイドラインを無視すればいいのでしょうか？ それは違います。ガイドラインに不満があれば、自分たちで変えていけばいいのです。ガイドラインは、「週当たりの活動時間における上限は、16時間未満」という方針を示していますが、その背景には、子どものケガと、教師の働き過ぎを防ぐという意図があります。ですから、それらの問題が生じないという理由や根拠があれば、ガイドラインから多少逸脱することは、クラブの「自治」の許容範囲と言えるでしょう。ただし、その際に大切なことは「みんな」の合意を得ることと、自分たちのガイドラインの理由や根拠が説明できるということです。

よく、モチベーション・やる気を引き出すには、「自分たちで決める」というプロセスが不可欠と言われます。「自分たちで決めたことだからがんばる」と、モチベーション・やる気が生じるのです。

みなさんの部活動では、練習のスケジュールや時間を誰が決めていますか？

モチベーションを高めるために、「やらされる練習」から、「自らやる練習」にしていくには、生徒自身が練習の土台にあたる場・環境（時間・日数）にまで関わる必要があるのです。

VI 体育の授業とトレーニング

自主練でカバーだ！

みんなで作成したスケジュールに基づいて練習をし、1カ月があっという間に過ぎた。練習日は減ったが、一応、予定通りに進めることができている。土曜日、日曜日に市民体育館が予約できたときにはどちらも練習日にあて、平日の1日をミーティングやゲーム分析《ぶんせき》、もう1日を休養日にあて、週に2日は体を休めるようにしてきた。塾《じゅく》通いのコテツ先輩《せんぱい》は「気《き》兼《が》ねなく塾に行ける日が増えて、助かったよぉ」とご満悦《まんえつ》だ。しかし、満足している部員ばかりでもなかった。

その月末、ワークシートを作ってから最初の振《ふ》り返りのミーティングがおこなわれた。

キャプテン・ツカサが「１カ月、自分たちでスケジュールを立てて練習してきたけど、反省点とかあるかな」と聞くと、１年生のトオルが手を挙げた。

「先輩。こんな練習で勝てるんですか。小学校のときよりも練習日が減っているので、不安です。隣《となり》の東中は国のガイドラインなんて無視して練習してるみたいですよ」

遠慮《えんりょ》気味に、それでいてしっかりと不満を述べた。去年まで小学生だったとは思えない堂々たる主張だ。考えようによっては、日頃から話し合って部活動を運営してきたから、意見が言いやすいのかもしれない。いずれにしても、トオルの意見は部員のみんなが少なからず感じている不安だった。練習日には上限がある、でも、練習しないと勝てないし……。

しばらくの沈黙《ちんもく》の後、ようやくリョウガが口を開いた。

「だけどさぁ。白髪《しらが》ジジイが言っていたように、学校としてガイドラインを守っていくのは変わらないみたいよ。この間の保護者会でも、そう言ってたし」

そうだよな。俺を校長室に呼び止めて指導するくらいだ。学校はガイドラインを守らせようとするだろう。ガイドラインを飼い慣らすことは許されても、無視するのは無理だ。すると、今度はリョウヘイが手を挙げた。コブシーズの１年生の成長はすごい。

「そう言えば、練習・試合係で検討するって言ってた自主トレーニングの計画ってどうなりましたか。休養日が増える分、自主トレーニングでカバーするってキャプテンが言ってた気がするんですけど……」

「あ……！」

キャプテン・ツカサの表情が固まり目が泳ぎだしたかと思うと、部活ノートを慌《あわ》てて読み返し始めた。完璧に見えるけど、時々うっかりをする先輩なのだ。こういう一面があると、俺なんかは逆に安心してしまう。「僕《ぼく》もうっかりしてました……」と、同じ練習・試合係のトオルも焦《あせ》った表情で申し訳なさそうにしている。リーダーのツカサ先輩をサポートできるようになるのは、まだ先になりそうだ。

「体力のトレーニングが必要だってところまで練習・試合係で話していたんだけど、その後の計画のことをすっかり忘れてた。トオルの言う通り、今のままだと練習量が減っただけで技術の向上につながっているのか不安が残る。1年生も、まだ練習についていけていないし、く体力がついていないかもしれない。

次回のミーティングまでに練習・試合係で、体力のトレーニング計画の原案を作ってくる。組織・集団係でも、みんなでトレーニングの実施状況《じっしじょうきょう》が確認できるようなワークシートを考えといて！」

はじめての振り返りミーティングはこうして終わった。まだまだ改善の余地が多いようだけど、先生に言われて従うだけの部活よりも自分たちの頭で考えて実行できることの楽しさが、より感じられる気がした。

トレーニングと言えば、体育の先生

翌日の昼休み、ツカサはさっそく動き出した。向かった先は、保健体育の風間先生のところだった。

「先生。コブシーズで全体練習日でない日にもできるトレーニング計画を立てたいんです。その立て方を教えてください」ノートを開きながらたずねるツカサに、風間先生は笑顔で答えた。

「それはすごい。技術練習と体力トレーニングは車の両輪だからね。高い技術を身につけたいのであれば、それに対応できる体力をつける必要がある。反対に言うと、高い体力をつけることで、技術が伸《の》びる可能性も出てくる。そう考えると、体力トレーニングは車でいうなら、車輪よりもエンジンといえるかな」

やっぱり大切なんだ。ツカサは風間先生の言葉をノートに記した。

「でもな、大園。**体力トレーニングは継続《けいぞく》的にやるから意味がある**んだよ。オフの日だけに、例えば週1日だけ、やるもんじゃない。毎日の練習や練習後にトレーニングを組み込《こ》むことも検討したほうがいい。なおかつ、オフが続くときにもそのトレーニングだけはやっておくことだ」

練習ができない日だけトレーニングをやればいいと思っていたツカサが意外そうな顔をしているのを見て、風間先生は続けた。

「確かにオフだけトレーニングをしているチームもあるが、君たちのスケジュールを見る限り、かなり不定期な活動だ。だから少しずつ、日々の練習に入れていったほうが効果的だと思うけどな。勉強のつもりで、試しながら実施していってはどうかな？」

「わかりました。で、バレーボールのトレーニングって何をすればいいんですか？」

昼休みの時間が残りわずかなのを気にしながら、ツカサは聞いた。風間先生は大きくため息をついた。

「私はバレーボールの専門家ではないから、トレーニングの一般《いっぱん》的な原則は理解していても、バレーボールの専門的な体力トレーニングについては自信がないなぁ。

というよりも、君たちコブシーズは自分たちで課題を解決していくのがモットーだろ？　自分たちで考えてみたら？」

突《つ》き放すような返事にツカサが焦っているのを脇目に、風間先生は本棚《ほんだな》をガサガサと探った。取り出した本は、高校の保健体育の教科書と参考書だった。

「今、学校で使っている中学校の保健体育の教科書にもトレーニングのことは少し書いてある。もっと詳《くわ》しく知りたければ、高校の教科書や参考書も読んでみたらいい。大園も体育の授業で少し聞いているはずだよ、トレーニングのこと！　俺の教えたこと、あんまり伝わってないんだなぁ。ショックだよ」と風間先生はニヤニヤしながら言った。

昼休みの終わりを告げるチャイムが鳴り始める。

「え、た、確かに聞いたことがあります！　先生、もう一度、勉強し直します！」

教科書を受けとり慌てて退室するツカサを、風間先生は微笑《ほほえ》ましく見送った。

授業と部活はつながっている

その日、帰宅したツカサは風間先生から借りた高校の教科書と参考書を開いていた。文章はそれほど難しくない。来年高校に入ったら読むのだから、当然と言えば当然だ。ツカサは関連のありそうなページを探し、読み始めた。なになに、「適応性」と「オーバーロードの原則」ってところが太字になってるな……。

簡単に言うと、はじめてやる運動はシンドイけど、くり返していると楽になる。それを「適応性」と言うようだ。体がつらい運動に「適応」しているわけか。日常生活で普《ふ》通《つう》におこなっているような楽な運動よりも、つらい運動でないとトレーニングにならないことは、なんとなく理解できる。それを「オーバーロード（過負荷）の原則」と言うらしい。

しかし、人それぞれ筋力も違《ちが》うし、つらいと感じる基準は違うはずだ。

そんなことを考えていると、太字で「個別性の原則」と書いているのを見つけた。やはり個人差をよく理解して、個人の特徴《とくちょう》に応じたトレーニングをすることが大切なのだ。ツカサは他にも「トレーニングの5原則」と太字で書かれているのを見つけた。

「意識性の原則」――トレーニングの意義をよく理解し、目的を持って積極的におこなうこと。つまり、何のための、どの部分のトレーニングなのかを理解しながらおこなうことが大切らしい。やらされる練習にも意味はないけど、それはトレーニングも同じなのか。

「個別性の原則」――さっき読んだ通り。

「漸進《ぜんしん》性の原則」――体力の向上とともに、次第に運動の強さや量を高めること……らしい。さっきの「オーバーロードの原則」と似ている。つらいことに慣れてきたら、負荷を上げるということか。楽をしてもトレーニングにはならない。

「反復性の原則」――運動はくり返しおこなうことによって効果をあらわすから、規則的に反復する。ツカサは、風間先生がオフの日だけのトレーニングに意味がないと言っていたことを思い出した。正しいトレーニングの動作をくり返すことが大切なのだ。

「全面性の原則」――身心の機能が調和を持って全面的に高められるようにする。少しむずかしいが、バレーだからといって腕《うで》や肩《かた》だけを鍛《きた》えるのではなく、バランスよく全身をトレーニングすることが必要らしい。

保健体育の教科書には部活のトレーニングのことがちゃんと書かれているのだ。風間先生が言う通り、授業の中にはトレーニングのヒントがたくさんあることをツカサは知った。部活動につながると思って聞いていれば、もっとまじめに覚えていたかもしれない。

「保健体育の教科書って、結構、使えるんだな」

トレーニング計画の立て方

次はトレーニング計画の立て方についてだ。トレーニング計画の立て方がわかれば、組織・集団係のコテツにワークシートの作成を頼《たの》み、ミーティングでの提案にこぎ着ける。ツカサは教科書の内容を部活ノートに写し始めた。

①「健康状態を確認する」――ケガをしていたり体調が悪かったりすると、トレーニングどころではない。まずは計画を立てる段階で、ケガや体調を確認することが原則だ。

もちろん実際にトレーニングをする前にも、確認してからおこなうように伝える必要がある。

②「必要な体力を理解《りかい》する」——バレーに必要な体力が何かまでは教科書に書いていなかった。インターネットや関連する本を調べる必要がありそうだ。

③「自分の体力を知る」——一人一人現状の体力は違うし、必要な体力も違う。それを知るには、毎年体育の授業でおこなう「体力テスト」の結果が参考になるかもしれない。

④「トレーニングの目的と内容を決める」——②のバレーに必要な体力、③の自分の体力の現状をふまえて、必要なトレーニングの内容を決めていく。「意識性」の原則を守り、何のためのトレーニングか理解することが重要だ。

⑤「運動の具体的な実施方法を決める（強度、時間、頻度《ひんど》）」——同じトレーニングの内容に取り組むにしても、人によって求められる量・回数・強度は異なる。「個別性の原則」を活かす必要がある。

⑥「トレーニングを実施する」——実施しながら、いつ、どこで、何を、どれくらいトレーニングしたのかを記録しておかないと、何を、どれくらい強化したのかがわから

ない。トレーニングした内容を記録しなければならない。

⑦「定期的に評価する」——実際にどれくらいできるようになったのか、また、トレーニングが心理的にシンドイか楽かを確認する必要がある。やりっぱなしではなく定期的に実行状況を確認し、負荷に慣れてきたら負荷を増やさなければならない。「漸進性の原則」ができているかどうか、定期的な確認が必要だ。

ツカサはなんとなく、イメージがつかめてきた。ただ、この複雑な行程を1年生でもできるように、わかりやすく実施する方法を検討しなければならない。

ワークシートにするとわかりやすい

翌日の練習後、ツカサはノートにまとめた内容をわかりやすくコテツに伝えた。

「……ってこと。理解できた？」

「さすが、ツカサ。風間先生の話よりわかりやすいよ。要は、俺たち組織・集団係は**トレーニング計画の①〜⑦をみんなで考えて実行できるようなワークシートを作ればいい**

わけね。

でもさ、③の自分の体力を知るために必要な体力テストの結果……。これはツカサが風間先生にもらってきてよ。俺、風間先生、苦手なんだよ。それから、②のバレーに必要な体力とかトレーニングの例。これも学校や市の図書館に参考になる本があるのかも。YouTubeも見といて。トオルもバレーマニアだから、知ってるかも」

「了解《りょうかい》！　なんとか来週のミーティングに間に合わせたいから、よろしくな！」

気前よく引き受けたコテツは、次の休養日にはリョウガとともにリョウヘイの家でワークシート作成の相談をしていた。リョウヘイの部屋に入ると、女子バレー選手のポスターやカレンダーが貼られている。本当に女子バレーが好きなようだ。リョウガも目を輝《かがや》かせている。「それはいいとして！」とコテツはツカサの話を伝え、3人でシートの作成にとりかかった。

まず名前を書く欄《らん》を作って、計画を立てる時点の健康状態に○、△、×を記入する欄を作った。ここまではいいのだけど……自分の体力とか、バレーに必要な体力ってどうやって書く？　たしか、ツカサは体力テストが使えるかも、と話していたが。

するとリョウヘイが、「体力テストって、結局、何の体力を調べているんですかね」

と言いながら、鮮《あざ》やかな手付きでパソコンのキーボードを打ち始めた。インターネットで体力テストについて調べているのだ。整理すると、それぞれのテストが「筋力」「瞬《しゅん》発《ぱつ》力」「柔軟《じゅうなん》性」「巧緻《こうち》性」などの測定に分けられているらしい。

バレーボールで必要な体力も同じように分類すれば、わかりやすいかもしれない。体力テストで筋力が弱いと判定されていれば、バレーボールに使う筋力を高めるトレーニングをおこない、瞬発力が弱いと判定されていれば、バレーボールに使う瞬発力に関わるトレーニングを増やせばどうだろう。コテツとリョウガがそんなことを話していると、リョウヘイが手際よく表を作っていく。

最後に、実施した日数と評価の欄を加えると、トレーニングのワークシートの大枠ができあがった。外はもう、暗くなっていた。

次回のミーティングは図書館で

「……ということで、トレーニングのワークシートの大枠まではできたんだけど、トレーニングの具体的な内容までは決めていません。

バレーに必要な体力にどんなものがあって、どんなトレーニングがあるのかは、練習・試合係だけでなく、部員みんなで調べて共有したいと思って。そのことで、トレーニングの必要性や意図が共有できると考えたんだ。トレーニングの原則で言う『意識性の原則』というやつだ。やる意味がわからないと、トレーニングの成果は高まらない。ただ、学校の図書室にはバレーの本が少ないから、市の図書館でみんなで調べたいと思う。いいかな？」

「了解！」

ー、2年生が勢いよく返事をした。さすがキャプテン・ツカサとコテツ先輩！　それにしても、部活で図書館に行くとは新鮮《しんせん》だ。部活動なのに勉強みたいだ。

ゲーム分析係のソウタは、「体力データも収集してグラフにする必要がありますね。ゲーム分析にも活きそうです！」と鼻息が荒《あら》い。

課題を解決するごとに、コブシーズがパワーアップしてみんなに自信がついていく。廃部《はいぶ》が宣言されたときからは考えられない光景に、俺はちょっと感動していた。

記入日の健康状況・怪我の有無　（ ◎ 　△　 ×　）

	柔軟性	持久力	巧緻性
	長座体前屈（38cm）[得点4]	持久走・1500m（6分00秒）[得点6]	ハンドボール投げ（25m）[得点6]

<②筋力トレーニング>
・中学校段階で、高負荷でのウェイトトレーニングは推奨されていない。
・自分の体重を利用したトレーニングを行う[今月は、自分にふさわしい強度、量、頻度を調べる→来月から本格的に実施]。
（日本バレーボール協会『中学校部活動におけるバレーボール指導者へのガイドライン』から選択して実施する）。

<③その他>
・オフが続くときは、ダッシュを組み込んだランニングを行う。

	14	月		21	月	MTG①、②	28	月	①
	15	火	MTG	22	火	①	29	火	②
	16	水	①、②	23	水	①	30	水	
	17	木	②	24	木		31	木	①、②
	18	金	①、②	25	金	①、②	1	金	MTG
	19	土	①、②	26	土	オフ①	2	土	オフ③
	20	日	オフ①、②	27	日	①、②	3	日	オフ

<②筋力トレーニング>
・最初の頃は量が多すぎたのか、筋肉痛がひどかった。
けど、量を調整しながら実施するようになって無理なくできるようになった。
来月は、それぞれのトレーニングの量を増やしたい。

<③その他>
・1度だけオフとMTGが続いた時に実施した。この時にもストレッチを行うようにしたい。
ネットで調べたら、動的なストレッチ（ダイナミックストレッチ）というのが
あるみたいだから、試してみたい。

トレーニング計画を立てよう

名前 大村タクヤ

	筋力	瞬発力・敏捷性・スピード
<体力の現状を知ろう！> あなた自身の体力の課題は、 どのような点にありますか？ （体力テストの結果を参照）	握力（30kg） ［得点4］ 上体起こし（25回） ［得点6］	反復横とび（53点） ［得点8］ 50m走（7秒）［得点8］ 立ち幅とび（210cm） ［得点5］

<トレーニングを選択しよう！> 競技に必要な体力を理解し ・どのような体力を ・どのようなトレーニングを選択して ・どれくらいの運動強度で ・どれくらいの運動時間で ・どのような運動頻度（いつ？） で実施しますか？	目標…ケガの予防のためにも、定期的な柔軟運動・ストレッチと、バレーボールに必要な基礎的な筋力を高めたい。 <①柔軟運動・ストレッチ> ・練習前と練習後に行う （広島県バレーボール協会『広島県バレーボール指導教本』の例から選択して実施する）。 ・風呂上がりにも肩甲骨を中心にストレッチをする。

<実施した日に○をつけよう！>
右側のカレンダーを使って、実施した日に○をつけていこう！
→実施した日に、トレーニング①、②、③の番号をつける。
MTG＝ミーティング

31	月	MTG①	7	月	
1	火	①、②	8	火	MTG
2	水		9	水	
3	木	①、②	10	木	
4	金		11	金	
5	土	①、②	12	土	オフ①
6	日	オフ①、②	13	日	①、②

<トレーニングの評価をしよう！> 1カ月間、実施してみて ・身体の状況や変化 ・反省点や課題 ・今後、必要となるトレーニング を書いてみよう！ （来月の計画に活かそう！）	<①柔軟運動・ストレッチ> ・練習の時間が延びてしまったときや、学校の宿題に追われているときなど、実施できないことがあった。定期的に実施しないと効果が得られないので、すくなくとも風呂上がりのストレッチぐらいは継続的に実施するようにしたい。まだまだ、体が硬い気がする。

結構、使える保健体育の教科書

キャプテン・ツカサ、コテツの活躍もあって、無事にトレーニング計画を作ることができました。中学生なのに立派です！　保健体育の教員を養成している私からすると、こんな生徒ばっかりだったらいいなぁと思います。体育というと、体を動かしたりスポーツをしたりするイメージが強くて、体育理論の授業が軽視されがちです。しかし、体育理論が中学生から必修になっているので、みなさんもトレーニングについて学習する機会があるはずです。今回の話の内容も、基本的には教科書（高等学校）に記載してあるものです。

高校の運動部活動では生徒たちだけでトレーニング計画を考える実践がおこなわれていますが、私はまだ、中学校における経験がありません。今回の内容は中学生には少し、背伸びをした内容かもしれません。中学生でも保健体育の授業で基本的な知識を学んでいるはずなので、ツカサ君のように高校の教科書にまで手を伸ばせば、自分たちでトレーニングを考えることはできそうです。体育授業の内容は、生活の場面で活かされることが大切です。保健体育の先生は、風間先生のようにみなさんのサポートができるはずです。もし、そういうサポートができないようなら、残念ながら保健体育教師としての仕事を果たしていないことになります（そういう先生がいないことを願います）。

また、体力テストも、日常生活や運動生活の改善を意図して実施されています。これも体育の授業で「やらされて終わり」では、十分に活用されていないということになります。ぜひ、受け取った結果を運動部活動のトレーニングに活かしてほしいと思います。テストの結果から自分に必要なトレーニングの課題や内容を、スポーツのトレーニング本を読んだりインターネットで調べたりして考えてみてください。コブシーズも、バレーボールに必要な体力や、そのためのトレーニングを調べて、自分に足りないトレーニングを理解し、実際に計画を立てていました。幸い、トレーニング関連の本は数多く出版されているので、実施できそうなものからやってみましょう。その際、年齢に相応《ふさわ》しいトレーニングかどうかまで調べてみましょう。

コブシーズで作ったワークシートは128〜129ページです。これは、いわばトレーニング計画の「原案」ですね。これをたたき台にして、自分たちに合ったシートを作ってみましょう。

Ⅶ

シュールなエンディング——勝ち負けよりもプロセスのカチ

最後の試合

街路樹では激しくセミが鳴き、半袖の腕《うで》に照りつける日差しは、いよいよ夏が本番を迎《むか》えることを知らせる。7月最後の土曜日、いよいよ公式大会だ。負ければ、キャプテン・ツカサとコテツ先輩《せんぱい》は最後の大会になる。いつも練習をしている市民体育館は市内から集まった大勢の男子バレー部で、いつにない活気に沸いている。こういうとき、どの部も強そうに見えるから不思議だ。

キャプテン・ツカサは、試合の前にみんなを集めた。

「去年よりも練習時間は減ったけど、話し合いの時間が増えて、みんなとの信頼《しんらい》関係が深まったと思う。この大会もコブシーズらしく、みんなの力で勝ち抜《ぬ》いていこう！」

確かにガイドラインの影響《えいきょう》もあって、練習時間は減った。その分密度の濃《こ》い活動になって、時間はあっという間に過ぎていった。1年生はまだ3カ月しかたっていないのに、すでにコブシーズのメンバーとして欠かせない役割を果たしている。あきらかに俺が1年生のときとは違《ちが》う。これで試合に勝てば、本当に「自分たちの力で勝った」ことになる。俺は気合いを入れ直した。

キャプテンの話の後は、ゲーム分析《ぶんせき》担当のソウタの時間だ。これもこの3カ月で定着してきたルーティンだ。練習試合のときからソウタが相手チームを分析し、試合のテーマを示してきた。最初のころの遠慮《えんりょ》していた姿はもうない。

「1回戦の相手は、平均身長が随分《ずいぶん》低いです。ですからトオルを有効に使えば、問題なく勝てます。課題はサーブへの対応、レセプションです。コブシーズはレセプションがうまくいかずに自滅《じめつ》するパターンがあるので、落ち着いていきましょう」

その様子を菅原《すがわら》先生は黙《だま》って見ている。会場を見渡《みわた》すと岡崎先生や卒業生もいる。

あ！　よく見たら白髪《しらが》ジジイもいるじゃん。考えてみれば、自分たちが運営してきたといってもいろいろな人に支えられてきたのだ。不思議なもので、自分たちで運営すると支えてくれる人も見えるようになってきた。

「サクラ先輩、来てるじゃん。やる気が一気に出てきた！」

リョウガはいい意味でも悪い意味でも、いつも通り。そんな姿をみて、みんなホッとする。１年生のリョウヘイは、試合の撮影《さつえい》のためにカメラをスタンバイしている。この数カ月のトレーニングで、随分《ずいぶん》とスリムになった。トレーニングの成果は他のメンバーにも如実《にょじつ》に見られた。ノブオは試合に使う用具のチェックをしてくれている。「気が利くねー」と、場・環境《かんきょう》係のリクとカイがいつも通りチョッカイを出す。けれど、仕事が板についてきたのは事実だ。

しみじみと、「なんか、いい感じだなぁー」とコテツ先輩。

ほんとに……。でも、感傷に浸《ひた》っている場合じゃないよ！　さあ、試合だ！

シュールなエンディング

1回戦はソウタの分析の通り、危なげなく勝利できた。レセプションの課題もみんなが意識していたから、このゲームでは問題にならなかった。2回戦もトオルを中心にした積極的な攻撃《こうげき》が決まり、みんなリラックスした状態で相手に1セットも与《あた》えない完璧な勝利となった。次の試合に勝てばベスト8だ。しかし、相手は優勝候補。トオルが6人いるような大型のチームだ。

試合開始の笛が鳴った。

序盤《じょばん》からコブシーズは驚異《きょうい》的なレシーブ力でボールを拾い、相手の攻撃をやりすごし、ジリジリとゲームの流れを引き寄せていった。こういう展開を想定した練習を、この1カ月の間に取り組んできたのだ。試合は一進一退で進んでいった。

「コブシーズ！　もう1本！」

1年生からの応援《おうえん》に熱が入る。観覧席からも、校長や岡崎先生の応援する声が響《ひび》いた。

「どこ見てんだ！　このバカが！」相手チームの顧問《こもん》が、ミスをした部員に怒号《どごう》を浴びせている。試合は白熱し、勝負は最終セットにまでもつれ込《こ》んだ。

Ⅶ シュールなエンディング——勝ち負けよりもプロセスのカチ

試合が長引くと、コブシーズのコンビネーションにほころびが見え始めた。トオルを軸《じく》にしたアタックが決まらない。焦《あせ》りがチーム全体に広がるなか、キャプテン・ツカサを中心にブロックされたボールをしぶとく拾い続ける。

しかし、最後に放ったトオルの渾身《こんしん》のスパイクが、相手のブロッカーに読まれていた。ドシャットをくらったボールは高く宙に飛び、ゲームセットとなった。トオル頼《だの》みの攻撃パターンが相手に読まれての敗戦。練習試合でもこのパターンで負けることがあったが、それを乗り越《こ》えるようなゲームプランが作れていなかった。悔《くや》しいが、これが俺たちの今の実力だ。

キャプテン・ツカサやコテツ先輩ともう一緒《いっしょ》にプレーできないと思うと、胸の奥《おく》がギュッと冷たくなった。1年生は泣いている。試合には出ていないけど、チームを作り上げるためにそれぞれが役割を果たして一緒に戦ってきた。悔しいのは当然だ。みんなで心の底から悔しいと思える、そんな集団になれたことがかけがえのないことに感じた。

ゲーム終了《しゅうりょう》後、菅原《すがわら》先生が体育館のロビーに全員を集めた。

「大園君、羽兼《はがね》君、お疲《つか》れ様。残念だったけど素晴らしい奮闘《ふんとう》だった！　最後に後輩に伝えることはある？」

菅原先生に促《うなが》され、キャプテン・ツカサとコテツ先輩は一歩前に出た。

少し考えて、コテツ先輩が口を開いた。

「みんな、お疲れ様。2年生、そして1年生は短い期間だったけど、いろいろ支えてくれてありがとう。俺は塾《じゅく》があって練習に出ることができない日があったけど、みんながメンバーとして認めてくれてうれしかった。負けて本当に悔しいんだけど、この3カ月はすごく充実《じゅうじつ》した感じがして、妙《みょう》な達成感もある。なんだか、変な感じです……。終わり!」

え! それで終わり? 最後の挨拶が「変な感じ」って。続いて、キャプテン・ツカサが挨拶をした。

「1年生、2年生、今日までありがとう。キャプテンとしてどこまでみんなを引っ張ることができたかわからないけど、俺もコテツと同じで、悔しいけど、充実しています。自分たちでここまでできたんだ!って誇《ほこ》れるというか……。そうはいっても、やっぱり勝ちたかった。いろいろな気持ちが入り交じった、不思議な感じです。

来年はベスト8の壁《かべ》を破ってください!」

いつもより話を短くまとめたキャプテン・ツカサ。長く話すと感情的になるからだな、と先輩の少し潤《うる》んだ目を見て俺は思った。

大会後のレクリエーション

みんなと別れて一人で帰路につきながら、俺は先輩たちが言い残した言葉を思い返していた。

「変な感じ」「不思議な感じ」

負けて悔しい、勝ちたかった、という気持ちもあるんだけど、その一方で充実感と満足感があったと言う。2人の言葉をシュールだと思ったけれど、俺が反対の立場でも同じような言葉を使ったんじゃないかな。なぜこんな気持ちになるんだろう。明らかに今までの大会とは違っていて、俺はモヤモヤした気分になった。

そのとき、LINEの通知音が鳴った。組織・集団係のリョウガからだ。

「みんな、今日はお疲れ様でした。組織・集団係から連絡《れんらく》です。大会が終わったので、予定通り3日間、オフになります。ただ、各自のトレーニングやストレッチは継続《けいぞく》しておいてください。

そんで、オフ明けにミーティングをします。議題は、『夏休みビーチバレー大会の企《き》画《かく》』です。３年生は引退しますが、このビーチバレー大会には来てもらって、みんなで交流を深めたいと思います。どんなことをやりたいか、考えてきてください！」

試合前のミーティングで、試合が終わったらレクリエーションで気分転換《てんかん》しよう、と決めていたのだ。しかし、よりによってビーチバレーかよ……。どうもバレーから離《はな》れられないらしい。

「それではミーティングを始めます。まず、組織・集団係から、ビーチバレー大会の概《がい》要《よう》と、そのための役割分担を提案します。

大会の目的は、最後に３年生と交流を深めること。企画・運営は１、２年生でやって、受験勉強で忙《いそが》しい３年生は当日のみの参加です」

リョウガが原稿《げんこう》を見ながら、たどたどしく説明した。これまでミーティングの進行は、組織・集団係のリーダーで部長のコテツ先輩がおこなっていたが、リョウガがその仕事を引き継《つ》いだのだ。最初からコテツ先輩のように台本なしでスラスラと説明はできないからね。これから少しずつ、先輩のように司会も板についていくだろう。

なんでビーチバレーなんだよ、とも思ったが、対案があるわけでもないし、俺は黙って説明の続きを聞いた。

「では、意見がないみたいだから、開催《かいさい》する方向で話を進めます。次にチームを決めます。この大会のテーマになっている『3年生との交流を深める』ために、どんなチーム分けがいいと思いますか？」

リョウガの投げかけにリクが、

「ツカサ先輩とコテツ先輩でペアになってもらって、みんなが対戦するっていうのはどう？」と提案。

いいねぇ。3年生と最後に交流を深めるって言ったら、それしかない。

「異議なし！」

「では、3年生でペアを組んでもらって、あとはどうする？」

リョウガが続けると、今度はカイが、

「やっぱり1年生と2年生のペアだろ？　いつも係の先輩・後輩とカラむ機会が多い割には、他の係とのカラみは少ないからな。ちょうど4人ずついるし」

「異議なし！」

その後、議論の展開を予想していたかのように組織・集団係のリョウヘイがあみだくじを持ってきた。段取りよくペアが決まっていく。

「次に、大会運営に向けた役割分担について決めます。組織・集団係の原案は、ホワイトボードに書いてある通りです」ホワイトボードにはさまざまな役割と、その内容が書き出されていた。

・ルール検討係（当日のルールと審判《しんぱん》のローテーションを考える）
・用具準備係（当日に必要な用具を確認して、みんなで用意するための方法を考える）
・ビーチ交渉《こうしょう》係（ビーチは事前に申請《しんせい》をすれば決められた場所を貸してくれるみたいだから、その交渉をする）
・食事係（当日のお昼ご飯の準備を、みんなでできるような計画を立てる）

試合の４チームがそれぞれに４つの係を分担するイメージだ。俺はペアになったリョウヘイと相談をして、ルール検討係に立候補した。俺は普段《ふだん》、場・環境のことを、リョウヘイは組織・集団のことをやっている。どうせなら、やったことのない役割にもチャレンジしてみたいからね。

ビーチバレー大会に向け、決めるべきことがとんとん拍子《びょうし》に決まっていった。4月の時点でこんな行動力があっただろうか。

ホワイトボードを見ていたら、リョウヘイが「これって部活動のときによく使う、3つの積木と同じなんですよ。リョウガ先輩と、日頃の部活動と同じように考えれば大会もうまくいくんじゃないかって、話してたんです」と教えてくれた。

そうか。どこかで議論したことがあると思った。コブシーズも自分たちの部活のテーマ・方向性を決めて、3つの積木から役割分担をしてきた。それと同じなのだ。

ビーチバレー大会

みんなで企画した「3年生と交流を深める」ビーチバレー大会が始まった。総当たり戦だと時間がかかるので、時間を区切って全チームがツカサ先輩とコテツ先輩のチームと対戦する方法をとった。休憩《きゅうけい》をとっているとはいえ、3年生チームはヘトヘトだ。慣れない砂浜《すなはま》に足が取られ、風の影響《えいきょう》もあるから余計に疲《つか》れる。それなのに、みんな最高の笑顔だった。

昼食のバーベキューは、この大会のことを聞いた保護者が一緒に準備をしてくれた。お金も保護者が出してくれた。ありがたいけれど、場・環境の土台を誰かに依存《いそん》しすぎると、保護者主催《しゅさい》のバーベキュー大会になってしまうから、ジュース代だけでも自分たちで出すことにしている。部活の運営で私費、部費、公費のことを学んだことが、こんなところでも生きている。

「今日のクラブは200円です！」

トオルがみんなに言った。「クラブ」という言葉には、ワリカンの意味がある。こんなところで使うトオルのセンスが面白い。

バーベキューの食べ物があらかたなくなり、片付けとゴミ拾いをする。場・環境の積木が崩《くず》れると、何もかも成り立たないからね。ビーチバレー大会は和やかに終えることができた。

自分たちで準備からするのは大変だったが、みんなでやりきった大会は心地よい。誰が、何をするかがわかっているから、安心して取り組むことができる。

そうか。行事やイベントでは、「3つの積木」で運営する経験を短期間でできるのだ。

日頃の部活動運営の力を確認できるのが行事なのか。自分たちで活動をしていくうちに、いろいろな力が身に付いていたことを、俺は実感した。

祭りの後

用具を背負って、俺たちはブラブラと雑談しながら帰った。話題は自然と、最後の試合のことになる。

「あのときのトオルのスパイク、やばくなかった？」

「何しろ衝撃《しょうげき》的だったのは、コテツ先輩の顔面直撃《ちょくげき》でしょ！」

「2階まで音がしましたよ！」

「今度、ビデオ貸してよ。YouTubeにあげるから」

「わー、それはやめてくれー！」

そんな話がしばらく続いた後、気になっていたことを聞いた。

「この間、最後の挨拶で『変な感じ』とか『不思議な感じ』って言ってたじゃないですか？　あれってどういうことだったんですか？　結構シュールだったんで」

恥《は》ずかしさを紛《まぎ》らわせたくてちょっとふざけて聞くと、二人が口を開く前にトオルが、

「ぼく、あの感覚、すごくわかる気がするんです。負けてすげー悔しいんだけど、なんか充実感があって……」

「そうそう！」試合に出ていた2年生も同調する。

するとコテツ先輩が、

「なんかさ、話す前に思い出してたんだよね。この3カ月のこと。そしたらさ、結構俺たち、がんばってきたんじゃないかって思えてきたんだよ。みんなで一つになれたっていうか……そしたら、試合で勝てなくて悔しいんだけど、妙にスッキリしたんだ。それで、あんなこと言っちゃったわけ。言った後に後悔したよ。もっとさ、いろいろとカッコいいこと、言おうと思ってたのに」ツカサ先輩も続けた。

「俺も同じだな。1年生が泣いている姿を見て『悪かったなぁ〜』って思ったけど、大会までの過程・プロセスをみんなで共有できたことがうれしかったんだ。

試合では負けたけど、プロセスを共有できる集団って強いんじゃないかなって。対戦相手はさ、顧問が怒鳴り散らして、ビクビクしながら試合をしてた。あんなチームが勝っても、俺たちみたいな充実感って得られないんじゃないかな」

二人とも大会の結果ではなくて、これまでの過程・プロセスを振り返ってあんなことを言ったのか。**勝敗に至るまでのプロセス。**考えてみれば今回のビーチバレー大会も**自分たちで企画を考えて、話し合って、プロセスを共有するから、充実感が生まれる。**もし人任せにしたら……例えば、保護者に頼りっきりでビーチバレー大会をやっても、この充実感は生まれない。

勝ち負けよりも、プロセスの価値なんだ。もしくは、勝ち負けよりもプロセスの勝ち！(勝ち負け＜プロセス)。うん、うまくオチがついた。

ブカツのヒケツ！❼

部活動の自治と勝利至上主義

残念ながら、試合に負けてしまったコブシーズ。しかし、ツカサ君もコテツ君も、悔しいけれどなぜか満足しているようでしたね。タクヤ君はその理由を、大会までのプロセスから解釈しようとしていました。つまり、自分たちで強くなってきた過程が充実しているから、負けたとしても充実感が残る、ということでした。勝ち負けよりもプロセスのカチ（価値、勝ち）。なかなかの名言でした。

実はこの指摘、とても重要です。これまで運動部活動では「勝利至上主義」という問題が発生してきたからです。スポーツをしているのですから「勝利」を求めるのは当然です。「スポーツは勝つことを目的にして何が悪い！」と言う人もいます。しかし、この「勝利至上主義」という批判は多くの場合、スポーツの競争や勝敗を問題にしているのではなく、勝つこと以外の目的が明確でなく、その結果、目に見えてわかりやすい「勝敗のみ」が目的になっているような状態を問題にしています。ですから、この批判を乗り越えていくためには、勝つことを追求しつつも、それ以外の目的・取り組みを具体的に示す必要があります。

部活の自治を追求してきたコブシーズは、それが明確でした。勝つこと以外に、部活動の名前を決めて方針を共有し、３つの積木から役割分担をし、自分たちで練習スケジュールやトレーニング計画を立て……。勝つまでのプロセスで身につけた力を、具体的に示せる状態にまでなっていました。まさに、勝ち負けだけでなく、プロセスのもつ価値に接近していたのです。試合の勝利は一チームに限られますが、プロセスの充実はすべての部活動に開かれています。みなさんの部活動では、勝敗までのプロセスで得たことを、自分の言葉で具体的に説明できますか？　もし、できないなら「勝利至上主義」の危険水域に入っているのかもしれません。

今回の話の中で、ビーチバレー大会を開く場面もありました。そして、その準備や運営と、部活動運営の関連性が注目されていました。リョウヘイ君が言うように、これらの運営は、それぞれ3つの積木で説明ができます。そのため、自治集団活動で身につけた力を確認したり、自治集団活動の基盤となる人間関係を強くしたりするために、定期的に行事・イベントを開催する部活動もあります。行事・イベントは、クラブの成熟度を測る「リトマス試験紙」であり、クラブの自治をさらに強化する「カンフル剤」でもあるのです。自分たちで企画・運営して交流を深めることが目的ですから、日頃の部活動と直接関係しないような行事でもいいのです。「そんなことは、大会の勝利に直結しないから無駄だ！」と考えた人がいるかもしれません。その考えは、まさに「大会の勝利＞部活動のプロセス」で、勝利至上主義の一歩手前かもしれません。ここで、みなさんに質問です。

あなたの部活動は、大会の勝利と直接的に関係しない行事・イベントを、自分たちで企画・運営できますか？

試合で勝てるのは一つのチーム。しかし、部活動を充実させることは、すべてのチームで追求できます。何気ない行事・イベントを大切にしてみませんか？

VIII 新チームの発足。キャプテンは……

新チーム発足のミーティング

ビーチバレー大会から数日がたった日、組織・集団係のリョウガからLINEが届いた。

明日、新チーム発足に向けてミーティングをします。議題は、以下の通り。

〈報告事項《じこう》〉

・ビーチバレー大会の収支報告（場・環境《かんきょう》係）

・試合のVTRの貸し出しについて（練習・試合係・ソウタ）
〈審議《しんぎ》事項〉
・キャプテンの決定
・キャプテン以外の役割の決定
〈その他〉
・校長先生より

ミーティングを効率的に進めるために、前日にLINEがくるようになったのは、2カ月ほど前からだ。事前にみんなで話し合う中身がわかるから、ミーティングの効率も上がっている。俺はビーチバレー大会の収支報告をカイに頼《たの》んだままだったことを思い出した。確認しなくちゃ。

それにしても、いよいよ新チームの発足だ。新しいキャプテンを誰にするか悩《なや》ましい。2年生は個性的な4人だから、誰がなっても面白いリーダーになると思う。LINEの最後の「校長先生より」というのが少し引っかかるが、ミーティングに向けて準備を進めよう。

リーダーに求めることは何？

「それでは、ミーティングを始めます」

リョウガが司会をして、リョウヘイが資料を配る。ミーティングの仕切りも慣れてきたみたいだ。この2人、はじめは不安だったけれど、なかなかいいコンビになっている。

そんなことを考えていたら、

「それでは、収支報告を場・環境係からお願いします」

俺の仕事が回ってきた。カイが収支報告の資料を配布する。

「……という具合に、保護者の協力もあったので、1800円近くお金が余っていますが、これは部費に組み込《こ》んでおきたいと思います。その結果、現在の部費の残高《ざんだか》は資料に書いてある通りです。ツカサ先輩《せんぱい》とコテツ先輩の部費がなくなるので収入は減りますが、施設《しせつ》の使用料など引き続き経費がかかるので、大切にお金を使っていきましょう」

「了解《りょうかい》でーす！」

俺たち「場・環境係」の仕事もスムーズにできるようになってきた。けれども、今日の役割決めでこの仕事から離《はな》れることになるかもしれない。そんなことを考えていると、隣《となり》でリクがつぶやく。

「タクヤ、このまま環境リーダー継続《けいぞく》したら？」

それ、俺がさっきリョウガに思っていたことと同じだ。いや、俺はもうリーダーはごめんだよ。大変なんだからな。そんなやり取りをしている間に、ソウタは試合のVTRの見所や課題を説明し始めた。ソウタこそ、練習・試合係を継続だよ！

そして、ミーティングは審議事項に入った。

「次に審議事項に入ります。キャプテンとその他の役割を決めたいと思います。これまでと同様に、練習・試合係のリーダーとしてキャプテン、組織・集団係のリーダーとして部長、場・環境係のリーダーとして環境リーダーを置きたいと思います。まず、この時点で異議がある人はいますか？」

「異議なし！」

「ではこの3人のリーダーを最初に決めて、その後にサポートメンバーを決めたいと思います。この方法も前回と同様ですが、それでいいですか？」

「異議なし！」

「ではさっそく、人選に入りたいと思います。……が、今回はちょっと決め方を工夫しました。プリントを見てください」

配布された資料にはこんなことが書かれていた。
①リーダーに期待することを全員が述べる（どんな資質や能力を持った人にリーダーになってほしいかを共有する）
②①の議論をふまえて、人を推薦《すいせん》する（○○という理由で、△△さんがいいと思います）
③新リーダーの意向もふまえて、サポートメンバーを決定する
リョウガが説明を始めた。

「①②の段階が新しく加えたところです。最初から人選はしません。**リーダーに対する思いや願いを全員で示して、それを引き受ける形にしたほうが、責任感を持って取り組める**かな、と思いました。

そもそもコブシーズって名前も、みんなの思いや願いが込められたものだし、一つ一つの係やリーダーにも同じようなプロセスが必要かなって、リョウヘイと考えたんで

す」

なるほど、面白いね。**リーダーを選ぶ基準をみんなで共有しながら決める**ということらしい。単なる人気投票じゃないからね。それにしても「思い」とか「願い」を込めると言われると、ちょっと重いよ。けれど、もちろん、

「異議なし！」

リーダーに期待すること

「では、まず、キャプテンに期待する資質や能力を挙げてください」

「やっぱりさ、ゲームの中心になって引っ張っていける人じゃない？」

「練習中に、あえて厳しい意見が言える人がいいです」

「練習やトレーニングを先頭に立ってやれる人がいい！」

「キャプテンっていうからには、やっぱりイケメンでしょ！」

「えーでも、ツカサ先輩って……」

「あー今、ディスった。LINEで報告しとこ！」

「ダメダメー」

「こういうときに『ふざけんの、ナシね』って言える人！」

そんな感じで、キャプテンに期待することをみんなで挙げていく。それをリョウガがホワイトボードに書いていく。どうしてもツカサ先輩のイメージに引っ張られるけど、キャプテンはやっぱり、練習、試合、トレーニングでリーダーシップをとれる人がいい。

「次に、部長について挙げてください」

「人間関係に気が配れる人！」

「ミーティングを仕切れる人。みんなの意見を拾い上げる資質が必要」

「まさに意見を拾い上げるリベロ的な存在な。なんだかんだ言って、コテツ先輩ってムードメーカーだったよね」

「今の『なんだかんだ言って』って、ちょっと悪意ない？」

「また、そうやって悪者にするなよ」

「コテツ先輩って、1年生にたくさん声をかけてくれて、うれしかったです」

一通り意見が出たところで、俺は聞いた。

「組織・集団係でやってきた2人は、どんな人がいいと思う？」

リョウガは突然《とつぜん》自分に話が振《ふ》られて驚《おどろ》いていたが、

「みんなが挙げていたような人がいいと思うよ。司会って、自分が意見を言いたくても少し我慢《がまん》してみんなの意見を拾い上げる場面があるから。我慢強さも必要かもね。リョウヘイはどう？」

「僕《ぼく》は２人の先輩にサポートしてもらって、とても充実《じゅうじつ》していました。２人に共通していたのは、僕の意見にも耳を傾《かたむ》けてくれる点です。それから、資料を作ることが多いので、少しパソコンが使えたほうがいいかもしれません」

なるほど、やっていた立場からの意見は参考になる。

「では、最後に場・環境のリーダーについてはどうですか？」

「お金の管理を任せるから、何よりも責任感がないとダメだよね」

「施設を借りたり物を買ったりするときに、部外の人と接する機会があるから、社交的でないと……」

「先を見通して、お金のこととか条件整備をしなくちゃいけないから、広い視野を持っていないと務まらない」

「予算の計算をするから、エクセルとか集計ソフトを使えるほうがいいんじゃない？」

「で、タクヤはどんな資質だと思う？」

やはり俺にも話が振られた。

「みんなが挙げてくれたことはすべて当てはまると思う。俺が常に意識していたのは、この部でよく使う『3つの積木』。日頃の何気ない活動が何に支えられているのか、一番下の積木は何だろう？って考えることが大切になると思う。それと……」

「それと……？」

「白髪《しらが》ジジイと仲良くなれる人！」

「お前、その資質ないじゃん！」

やっぱりリーダーは上級生？

意見がでそろい、いよいよ役割決めの審議《しんぎ》に入った。

「では、人選に入りたいと思います。まずはキャプテンから。さっき挙げられた意見をふまえて、誰がいいと思いますか？

1年生から聞いていこうか。トオルは誰がいいと思う？」

「僕はタクヤ先輩を推薦します。場・環境のリーダーとしてコブシーズの土台を作りながら、練習や試合でもツカサ先輩のサポートをしてくれていました。きっと僕たちを引っ張っていってくれると思います」

トオル！　ありがとう。そんなふうに思ってくれてたんだね。けれど、一番下の積木から一番上の積木へのぼる自信はないなぁ。

「ノブオは？」

「僕は2人いて、一人はタクヤ先輩です。トオルの意見と同じですけど、一緒《いっしょ》に場・環境の活動をしていてリーダーに相応《ふさわ》しいと思いました。あと1人は……トオルです。さっき挙げられた資質や能力を見て、トオルがピッタリくると思いました」

ここで1年生の名前を挙げるか!?　しかし確かに1年生とはいえ、トオルは練習、試合、トレーニングでリーダーシップを取っている。実績は十分だ。ソウタが、

「キャプテンは2年生でなくてもいいんですか？」

と質問した。戸惑うリョウガ。

「みんなはどう思う？」

数十秒の沈黙の後、リクが口を開いた。

「学年とか、関係ないっしょ！　**自分たちでリーダーを選ぶ基準を決めたんだから、それに合う人を学年に関係なく決めていくのが筋**だと思う。そのために、新しいやり方にしたんだろ？　リョウガ！」

「そうだけど、正直言ってこんな展開になるとは思ってなかった。けれど、リクが言う通りだと思う。自分たちの思いや願いに沿う人、基準に合う人を選ぶのがコブシーズらしい。みんなはどう思う？」

１年生は戸惑っていたけれど、２年生に異議はなかった。そもそもプロスポーツのクラブを見ても、別に年功序列でリーダーを決めているわけではない。役割を果たしてくれる人を選ぶことが大切だ。

「というわけで、学年に関係なく、さっき挙げた自分たちが期待することを基準に選んでいこう！」

そんな議論をへて、キャプテンが決まった。

「新キャプテンは、トオルに決まりました。みなさん、拍手《はくしゅ》をお願いします！」

みんなの期待するキャプテン像に、ピッタリだった。頼《たの》むぜ、新キャプテン！

「では、新キャプテンから挨拶《あいさつ》をお願いします」

「みなさん、選んでいただきありがとうございます。ホワイトボードに書いてあるキャプテンに期待されることを頭に入れて、がんばっていきたいと思います。頼りないかもしれませんが、みなさんで支えてください。それと……。ちょっと議事の進め方が変わっちゃうんですけど、練習・試合係にタクヤ先輩に入っていただきたいです。僕はまだ1年生なので、部活動の全体に目配せができないと思います。タクヤ先輩は3つの積木でいう土台の一番下の積木に関わってきたので、広い視野を持っていると思います。そういう人と一緒に、この部を強くしていきたいんです」

え、俺!? 2年生の副キャプテン？ なんか格好悪いけど、キャプテンに期待されているんだから、それに応えないといけないよね。学年なんか関係ない。みんなでうまくなって、強くなっていくのがコブシーズだ。

「えー！ タクヤには部長になってもらおうと思ったんだけどな。ムードメーカーだし……」カイがニヤニヤしながら言った。

「いや、やっぱり環境リーダーの継続でしょ！」リクが続ける。

おいおい、俺のことをネタにしない！ 最終的には俺の意向を汲《く》んで、副キャプテンをすることになった。

その後も、自分たちで議論した基準を元に人選を進めていった。1年生は、今の役割を継続することになった。全員が役割を変わると、うまく引き継《つ》げなくなるからだ。

「新チームの役割分担は、ホワイトボードに書いた通りです」

・キャプテン…トオル。サポートはタクヤとソウタ（再任）
・部長…カイ。サポートはリョウヘイ（再任）
・環境リーダー…リョウガ。サポートはリク（再任）、ノブオ（再任）

新生コブシーズの始まりだ！　1年生キャプテンという思いも寄らない結果になったが、しっかりとサポートしていいチームを作らないとね。それにしても1年生がキャプテンって、エグくない？　聞いたことないよ。けれど、本当はあり得ることなのだ。年《ねん》齢《れい》とリーダーの資質はあまり関係ない。総理大臣も歳《とし》を取った人がやればいいってもんでもない。**大切なのはリーダーに何を求めるのかと、みんなの期待を背負えるリーダーかってこと**だ。もしリーダーをすることで無理が生じたら、もっとふさわしい人に代わればいいんだしね。

新しい役割分担が決まった後は、各役割に分かれて15分のミニ・ミーティングをおこなった。新キャプテンのもと、練習・試合係はあらためてどんなチームをめざすのかを後日、話し合うことにした。

部長のカイが仕切る組織・集団係は、さっそく新しいマネジメントを議論している。どうやら、サポートメンバーだけで集まる場を設けて、議論や交流を深めるらしい。

リョウガは場・環境係の仕事がわからないから、リクとノブオからレクチャーを受けていた。そうだ！　これまでの会計簿《かいけいぼ》も渡《わた》さなくちゃ。引き継ぎの段になって、これまで作成した資料や記録してきたノートの大切さが身に染みる。

リョウガは頭がいっぱいになっていて、司会の進行をすっかり忘れてしまい、ミーティングの時間がオーバーしてしまった。慌《あわ》てて司会の仕事にもどる。

「それでは、今日の審議事項は以上です。ミーティングが終わったら、校長先生が『話があるから呼んでくれ』って言ってたので、少し待ってください」

ミーティングが充実していて、すっかり忘れていた。白髪ジジイ、いったい何を話すんだろう。

ブカツのヒケツ！❽

あなたはリーダーに「何を」求めますか？

新生コブシーズが一歩を踏み出しました。まさかの1年生キャプテン！　この展開を意外に思った人も多いでしょう。上級生がキャプテンになる習慣が定着しているからです。

しかし、本文中でタクヤ君が述べているように、リーダーは目上の人、上級生が当たり前という常識は、何を根拠にしているのでしょうか。歳を取れば取るほど、リーダーの資質は高まるのでしょうか？　例えば、政治を見てみましょう。安倍晋三さんが最初に総理大臣になったのは52歳。その前の小泉純一郎さんが59歳でしたから、随分と若返った気がしましたが、初代内閣総理大臣の伊藤博文は44歳です。たしかに政治のリーダーになるのにキャリアや経験が必要でしょうが、必ずしも長ければいいというわけでもなさそうですね。他にも、現在の企業のリーダーとして活躍している人の年齢を見れば、かつてよりも若返りが図られていることでしょう。それは、スポーツの世界にも言えることと思います。

このような状況を見ると、長く生きていることとリーダーとしての資質は、直接的な関係がないように思えてきます。それにもかかわらず、年齢やキャリアに注目してしまうのは、それ以外に「選ぶ基準」がないからかもしれません。こういう人にリーダーになってほしい、今度のリーダーにはこんなことをやってほしい、という基準があれば、年齢やキャリアだけに依存した人選から脱却できるかもしれません。そしてリーダーになった人も、自分に何が期待されているのかがわかり、努力する方向性が明確になるでしょう。トオル君が決意表明で述べたように、キャプテンとして闇雲にがんばるのではなく、みんなの期待に応える姿勢が大切になります。

今回の役割分担の議論は、「III 個性がいきる部活の係」の延長に位置づけられるものです。そこでは、係には役割分担と「つながり」を深める意味があることを解説しましたが、今回の「思い」や「願い」から出発するリーダーの議論も、選ぶ人と選ばれる人との「つながり」を強くする試みです。この方法は、「ブカツのヒケツ②」で紹介した、山梨英和中学校・高等学校の堀江なつ子先生が顧問を務める剣道部の実践を参考にしています。この実践で堀江先生は、仲間のことをどのように考えているのかを、部員だけでなく、教師も知る機会となったと述べていました。

さて、みなさんの部活動では、トオル君のような下級生がキャプテンになることは可能ですか？ もしなれないとすれば、なぜでしょうか？ 合理的な理由はありますか？ みなさんがリーダーを決める時の基準は何でしょうか？ そもそも、今のキャプテンやその他のリーダーは、みんなから何が期待されているのかを理解していますか？

一つでも自信がない場合、もしかしたら「リーダーは上級生がやるもの」という思い込みがあるのかもしれません(もちろん、上級生がリーダーをやったらダメということではありませんよ)。少し頭を柔軟にして、リーダーに何を期待するのかから議論をしてみませんか？

IX

部活動指導員がやってきた――自治とトラブルの可視化

あんた、誰？

新体制も決まり、充実《じゅうじつ》したミーティングの後、パタパタと大きな足音をたてて校長がやってきた。その後ろには、身長１８０センチを優に超《こ》える大男がいた。

「おー、みんな集まっているな。新しいキャプテンが１年生の高木君になったんだってな。ビックリしたよ。みんなで議論や運営をしていて、結構、結構！　この間、君たちが作った練習スケジュールのワークシート。他校の校長先生たちも興味を持ってくれてねぇ。鼻が高かったよ！」

確かに鼻息も荒《あら》いし、ご機嫌《きげん》だね。ところで、隣《となり》にいる人は誰だよ。その説明が先だろ。

「あ、そうそう。君たちに紹介《しょうかい》したい人がいるんだ。

今度、君たちバレー部の部活動指導員をやってくれることになった、中本さん。隣の市に『中本食品』ってスーパーマーケットがあるの、知っている人はいるかな。そこの店長さんだ。私の知り合いでね。大学までバレーボールをやっていたのを思い出してね。指導をお願いしたんだよ！」

年齢《ねんれい》は40代なかばというところだろうか。それはそうと、「お願いした」って、誰が頼《たの》んだんだよ。俺たちはお願いしたことはないぞ。みんなの顔に戸惑《とまど》いの表情が浮《う》かぶのを無視して、中本さんが口を開いた。

「中本です。大学までバレー部をやってきて、キャプテンをしていました。ポジションはレフト。やるからには、勝利をめざして指導したいと思っています。よろしく！」

語気が強くていかにも体育会系というか、熱血という感じの挨拶だ。この人、大丈夫《だいじょうぶ》？

「はい、じゃあ君たちも自己紹介して」

校長が場を仕切りだしたのに違和感《いわかん》を覚えつつ、自己紹介が始まった。一体どうなってしまうんだろう。

そして、中本さんはやってきた

その夜のLINEは、この話題で持ちきりになった。

「今度の練習はいつだ?って聞かれたから、とりあえず来週の月曜日と伝えました」キャプテンになったばかりのトオルも戸惑っている。

「その日から来るって言ってた?」とリク。

「はい、店を早めに切り上げるって言ってました」

「大丈夫、あの人?」「ちょっと熱くない?」「実はめっちゃ優しいかもよ」「あの年代の部活って、けっこう厳しかったらしいよ」「しかもウワサでは、名門のN大だって」「そこのキャプテンってやばくない?」「もしかしたら、俺たち優勝しちゃうんじゃない?」「えー、でも厳しくなるのはイヤだわ」

IX

部活動指導員がやってきた——自治とトラブルの可視化

LINEのトークがどんどん流れていく。どうなることやら……。

そして、月曜日がやってきた。その日は市民体育館での練習だった。

「今日はひとまず、どんな感じで練習をしているのかを見させてもらうわ！」

そういうと中本さんは、ドカッと椅子に腰掛《こしか》けて練習を観察し始めた。何を言うわけでもないが、時折、手帳にメモをしている。何を書いているんだろう、なんだか居心地が悪い気分だ。

2時間の練習が終わり、トオルが集合の指示を出した。大きくため息をついた後、中本さんがしゃべりだした。

「えー、みんなお疲《つか》れさん。キャプテンと2年生は、まああだな。一つ一つのプレーが雑だから、もう少し確認しながら丁寧《ていねい》にやらないと勝てないぞ。それから、部員数が少ないから1年生の底上げが不可欠だ。来月からは、1年生の指導を重点的にやっていくことにする。

キャプテンはこの紙を見て、練習メニューに組み込んでおくこと。リョウガは必要な用具があったら俺に言ってくれ。ここに来る途中《とちゅう》で買っておくから、お前たちは練習に専念しろ。カイは全員の連絡先《れんらく》を俺に教えてくれ。必要なときはメールでやり取りするからな。

とりあえず、俺が来られないときの練習メニューを送ってくれ。それと、今月のスケジュールもな！」

「は、はい」

中本さんの圧力に押《お》されて、全員返事をするのが精一杯《せいいっぱい》だった。いつもの練習とはガラリと雰囲気《ふんいき》が違うことに、俺は戸惑っていた。

賛否両論

備品を学校に片付けると、みんなでコンビニに寄り道をした。イート・イン・スペースで買い込んだお菓子《かし》や飲み物を広げ、雑談タイムだ。

トオルがポケットから4つに折られた紙を取り出して広げた。「これ、中本さんがくれた紙です。的確な練習メニューですけど、量が多い。2時間じゃ終わらない気がします」

IX 部活動指導員がやってきた——自治とトラブルの可視化

「今日帰るときに、コブシーズの試合のビデオを持っていきました。きっと分析《ぶんせき》するのだと思います。熱心な方ですから、いいですね」ソウタは大学バレーのノウハウを教えてもらえることに期待しているようだ。

「さっそく俺にメールがきたよ。週末の練習も来るみたい。車で用具の運搬《うんぱん》をするって。ボールとか持っていってくれるのは助かる！」カイも肯定的《こうていてき》だ。

「でもさ、せっかく役割分担を決めて自分たちで動き出したのに、これでいいのかな……」リョウガが言った。俺も一緒《いっしょ》で、なんかモヤモヤする。

「俺もリョウガと同じかな。ちょっと違和感あるわ。あの熱さに……」

リョウヘイもすかさず、「僕も苦手です」と言う。

「でもさ、手伝ってくれるって言うんだから、お任せしたらいいんじゃね？　ただでさえ人手が足りないんだからさ！」リクが陽気に言った。前向きな双子《ふたご》だ。

「僕も、そう思います」

「おっ、久しぶりに出た、ノブオ節！」

おいおい、コブシーズはノブオ節が出なくなったところがよかったんじゃねーの？

そう思うと同時に、口を開いていた。

「ちょっと待てよ。俺たち、楽ができればいいのかな。リョウガが言うように、面倒《めんどう》くさくてもさ、自分たちで解決していくのがコブシーズじゃねーの？」

「だよな。っていうかさ、あの命令口調、なんとかならんのかね？　学校の先生じゃねーんだからさ」リョウガが加勢してくれた。

「あんまりキツく言われると、僕は怖《こわ》くなってしまいます……」リョウヘイも不安な気持ちを伝える。

「でも、あれくらいの厳しさ、他の学校じゃ当たり前じゃね？　たまたま岡崎先生がそういうタイプじゃなかっただけでさ。Ａ中学校の顧問《こもん》なんて、試合中もバカとかアホとか言ってんじゃん」

「確かに、時には厳しく言われたほうが気持ちが締《し》まることはありますよね」キャプテンのトオルも同調した。

話は平行線になった。まさに賛否両論だ。まだ具体的な指導もされていないし、俺の不安が杞憂《きゆう》であればいいんだけど……。新生コブシーズは船出から難航しそうだ。

IX 部活動指導員がやってきた――自治とトラブルの可視化

これはシゴキか、練習か

中本さんはそれから折を見て練習に現れ、プレーへのアドバイスや練習メニューの指示をした。どれも的確で、さすが大学バレーを本格的にやっていただけあった。その分、「自分たちで考えて決めていく」というコブシーズのスタイルが薄《うす》れていくような気がしたが、１カ月もたつと、俺たちは中本さんの存在をなかば受け入れていた。

「リョウヘイ、ソウタ、ノブオ、お前たちは少し残れ。別メニューで練習をする。前にも言ったように、お前たちのスキルを上げることがチームの底上げになるからな。努力すれば絶対にうまくなるから。ついてきてくれ！」

そういうと、残った１年生に中本さんは突然《とつぜん》、

「今日から練習後に、３人はワンマンレシーブをする」と言った。

マジかよ。いくらなんでも、練習後にエグくない？　今ですらガイドラインで決められた制限ぎりぎりの練習量なのに。しかし１年生に選択《せんたく》の余地はなく、黙《だま》ってコートに入っていく。

まずはリョウヘイから。中本さんはボールを前後左右に放り投げる。それにリョウヘ

イが飛びつく。ときどきスパイクもはいり、リョウヘイの体力はみるみる削《そ》がれていった。見てられないくらいヘトヘトになり、最後は体育館の床《ゆか》に突《つ》っ伏《ぶ》して起き上がれなくなってしまった。

次はソウタ。同じように撃沈《げきちん》するまで練習が続けられた。そして、最後はノブオだ。最近、ようやくみんなの練習についてこられるようになった。人一倍努力してきたし、ガッツもある。ボールに食らいついていくノブオを見て、自然とみんなが声をかける。

「ノブオ、がんばれ！」

「もう1本！」

そんな雰囲気に押されて、中本さんの指導も熱くなる。

「気迫《きはく》でとるんだ！」

時折、メガネがずれたノブオはボールを探してきょろきょろした。

「どこ見てんだ、バカヤロー！　しっかりしろ！」

中本さんが鼓舞《こぶ》する。

そして、最後の1球。強めのスパイクがノブオの顔面を直撃《ちょくげき》してしまった。メガネが飛んだ。みんなが慌《あわ》てて駆《か》け寄る。

「大丈夫か、ノブオ」

「大丈夫です。ハァハァ」

そんな様子を見ていた中本さんは、声をかけた。

「よし、今日はここまでだ。ノブオ、こんなことでへこたれたらダメだぞ」

校長からの呼び出し

翌日、昨日の部活のことがあって、俺は何となくすっきりしない気分だった。部活のことを考えると毎日ワクワクしていたのに、今日はなぜか気が重い。そんな虫の知らせが的中したのか、放課後に校長から呼び出された。校長室に俺とトオル、菅原《すがわら》先生が入り、バネが伸《の》び切って柔《やわ》らかすぎる革のソファに座ると同時に、校長が口を開いた。

「昨日の練習について教えてほしい。実は、星野君のお母さんから連絡があってね。なんでも星野君、ケガしたらしいじゃないか。しかも、シゴキや暴言があったって……」

シゴキ？　暴言？　最後のワンマンレシーブのことを言っているのだと、すぐに気づいた。けれど、あれは練習の一環《いっかん》だったはずだ。校長が言っていることを認めてしまうと、また部がピンチになってしまう。何とかこの場を乗りきらないと、と俺は思った。

「あれはワンマンという練習中の出来事でした。たまたまボールが顔に当たったんです」

校長は続けた。

「中本さんが暴言を吐《は》いた、とも聞いたぞ」

俺はゆっくりと記憶《きおく》をたどった。

「確かに、どこ見てんだとか、バカヤローって言ってました。けれども、あれはたぶん、気持ちを盛り上げるために言ってたんだと思います」

俺はまずいことを言ってないかと、内心ヒヤヒヤしていた。菅原先生が口を開いた。

「それは、君の解釈《かいしゃく》でしょ？　問題は星野君がどう感じたか、よ。ハラスメントもそうだけど、こういう場合って**被害者がどう感じていたのか**が大切なのよ」

「被害者」という言葉に、俺はドキッとした。するとトオルが、

「ノブオは視力が悪いことにコンプレックスというか……引け目があるというか……とても気にしていました。だから、もしかしたら『どこ見てんだ！』っていう一言は、けっこう傷ついたかもしれません」

え！　そんな感じで正直に言っちゃうの？　必死にごまかそうとした俺は、急に恥《は》ずかしさがこみ上げてきた。

「ましてや『バカヤロー』の一言は、フォローの余地がないなぁ。しかも謝っていないんだからなぁ」

と白髪ジジイ。

「ひとまず、中本さんには私から注意をする。君たちもこういうことがあれば、顧問の菅原先生にちゃんと報告すること。わかったね」

もう一度、「俺たち、どうしたい？」

その日の部活で、ノブオを含めてミーティングがおこなわれた。

「なんか、すみません。うちの母親がメガネが歪《ゆが》んでいることに気づいて、練習のことを話したら怒《おこ》り出しちゃって……」

ノブオは申し訳なさそうに言った。イヤイヤ、ノブオは悪くないよ。

「それで、『どこ見てんだ！』っていう一言が頭から離《はな》れなくて、母親に話しているうちに悲しくなって、僕も泣いちゃったんです……」

　本当は傷ついていたことに気づかずに、無神経に「がんばれ！」なんて応援《おうえん》していたと思うと、俺は恥ずかしくなった。

「まずはノブオ、ごめん。応援している場合じゃなかったよな。そして、ボールが当たったときに中本さんが謝まらなかったこと、きちんと指摘《してき》すべきだった」

　トオルがキャプテンとして詫《わ》びた。みんな同じ気持ちだ。

「そんな、謝らないで。僕も、みんなみたくうまくなりたいんだ。

ただ、本当は今のままでいいのかな、とは思ってたんだ。中本さんが来る前みたいに、自分にはどういう練習やトレーニングが必要なのか、その理由まで考えて部活をするほうが、がんばれる気はしてる……」

　リョウガが我が意を得たり、としゃべりだした。

「たしかにそうだよな。今まで練習メニューは、キャプテンを中心にみんなで考えて共有しながら作ってきた。中本さんが来てからそうじゃなくなった。中本さんが言ったことに従うだけになって、そりゃ、そのほうが楽だけど、前みたいにやりがいがないっていうか、面白さがなくなったって感じる……」

これにもみんな納得。するとカイが、

「こんなときは初心にもどって『俺たち、どうしたい?』だろ! 俺たちどうしたい?

中本さん、辞めてもらう?」

「いや、練習にアドバイスをくれる人は大切だと思います。ただ、これまでみたいにすべてをお任せしてしまうと、指導が暴走して自分たちで部をコントロールできなくなってしまう可能性もあります。だから、コブシーズらしく自分たちで運営していきながら、中本さんに協力してもらう方法を考えましょう」

トオルがキャプテンらしく言った。みんなは大きくうなずいた。そうと決まれば、次のミーティングで具体的な方法を考えよう。

教師、指導員、生徒の守備範囲

俺たちは学校のピロティに集まった。円陣《えんじん》になって地べたに座り、カイの進行でミーティングが始まった。

「トオルが言っていたように自分たちで運営しつつ、うまく中本さんに協力してもらうため、組織・集団係で相談をしてきた。ちょっと見てほしい」

そういうと、カイは全員に資料を配った。そこには表が印刷されていた（巻末資料）。

「このワークシートは、部活動を運営していく上で生じる課題を整理している。例えば、『練習の内容を決める』『部活動に必要な予算を決める』『用具の準備・管理をする』とか、部活をやっていくうえで必要だと思う事柄《ことがら》を書き出してみた」

表の左側には、俺たちがこれまでやってきた部活の運営上必要な事柄が21個並んでいた。その右側はいくつかの空欄《くうらん》になっている。

「その21個の欄の右側には、大きく分けて『教師が決める』『生徒が決める』『部活動指導員・外部指導者が決める』『保護者に頼む』っていう欄がある。『生徒が決める』の欄だけ、さらに細かく『生徒と教師で決める』『生徒だけで決める』『生徒と指導員で決める』という3つの欄に分かれている。要はこの欄に○をつけながら、部活動で誰が、何を解決していくのか、整理したいんだ。つまり、**部活動の運営にかかわるそれぞれの守備範囲を決める**ってこと。

その中で、中本さんに何を頼むのかを明確にしようと思ったんだ。このシートを見れば、部活動運営の進め方が一目でわかるでしょ。中本さんも、コブシーズのやり方が理解できるはずだよ」

なるほど。今まで漠然《ばくぜん》とこなしていた**部活運営を「見える」化することで、中本さんの役割も明確になって、協力関係がちゃんと築ける**ということだな。

カイたちはよくこんなことを考えついたな、すごい！　しかし、これってどこかで見たような……。するとリョウガが口を開いた。

「これってコブシーズができる前に、白髪ジジイに言われたことをノートに書き出して、みんなで解決したのと似てるな」

そうか、男子バレー部廃部《はいぶ》の危機のときに、キャプテン・ツカサが書き出した「3つの課題」だ。課題をはっきりさせ、それを一つずつ乗り越《こ》えてコブシーズができあがったことを、俺は思い出した。

「バレたか、そうなんだよね。前にも危機的な状況《じょうきょう》があったなって思い出して、この方法を考えたんだ。俺の手柄にしようと思ったのに、残念。それじゃあ、さっそく決めていこうぜ」

カイはペンを手にとった。

「そのまえに、まずシートの上の欄を埋《う》めよう。ここには『部活動運営の方針』と『競技成績の目標』を書くんだ。この方針に沿う形で実際の運営がおこなわれるからね」

部活動運営の方針は、コブシーズの名前に込められた思いや願いを書けばいい。みんなが「友情、友愛、歓迎《かんげい》、信頼」と書き入れた。「競技成績の目標」の欄には「県大会優勝」と大きく書き込む。

さて、ここからが本題だ。中本さんに頼みたいことは何だろう？

「やっぱり、3の『練習の内容を決める』ですよね」トオルがシートに視線を落としながら言った。

「でも、これも今までは俺たちでやってきたし、そのほうが練習の意義を感じただろ。体力トレーニングでも『意識性の原則』ってあったし……」とリクが口を挟《はさ》んだ。

「全部お任せしないで『一緒に決める』っていうスタンスが重要ですよね。だって、俺たちの部活動ですから」ソウタが言った。ゲーム分析やチームの作戦立案を全部中本さんがやってしまったら、ソウタの活躍《かつやく》する場がなくなってしまうもんな。リョウガも激しくうなずく。

「この部分を全部お任せしようとしてから、コブシーズはおかしくなり始めたよな」

「『任せきらない』というのがコブシーズの生命線かもな」俺も同調した。

話し合った結果、「3．練習の内容を決めるのは誰か？」の欄は「生徒と指導員で決める」に〇がついた。

同じように「6．VTR分析などを通してチーム・クラブの課題を示すのは誰か？」の欄も、「生徒と指導員で決める」に〇がついた。ゲーム分析を担当するソウタも安心したようで、「客観的な意見はとても参考になります！」だって。

「用具の準備や管理はどうする？」とカイ。場・環境係の負担を慮《おもんぱか》っているようだ。

「持っていけるときは自分たちで持っていけばいいと思います。先輩方も協力してくれていますし、みんなで運べば問題ないと思います。

中本さんに頼むにしても、練習前と学校にもどってきた後の用具の個数管理は僕たちの仕事なので、きちんとする必要がありますね。中本さんの車に忘れることもありましたから」ノブオがメガネを人差し指で押さえながら言った。

場・環境にかかわる条件整備って、大人の協力があると助かるし楽なのは事実だ。だけれどもやっぱり「任せっきり」にすると、部活動のあり方がガラリと変わる。元環境リーダーの俺は、ノブオがそのことを理解しているのがうれしかった。この欄も「生徒と指導員で決める」に〇がついた。

部活の閉鎖性をぶっ飛ばせ！

新生コブシーズの船出は、苦難の連続でしたね。今回の話のポイントは「オープンにする」ことです。指導に熱が入ったとはいえ、中本さんの指導には問題がありました。当初、タクヤ君は問題を隠そうとしましたが、結局は隠しきれず、正直に話したトオル君を見て恥ずかしくなります。ウソは一つつくと、それを隠すために二つウソをつかなければなりません。さらに、それらのウソを隠すために、もっとたくさんのウソをつくことになります。こうしてどんどんウソが増えると、自分自身が「恥ずかしく」なってしまうのです。ですから、ピンチのときこそ問題をオープンにすることが大切です。とりわけ、暴力やハラスメントに関わる問題の場合は、自分たちで勝手に解釈をしないで、被害を受けた当事者がどのように感じていたのかを大切にしながら、議論の過程をオープンにしていくことが大切です。

また、自分たちの日頃の活動もオープンにしていくことで、いろいろな人との協力体制が築けます。コブシーズも、中本さんとの協力体制を見直すために、シートを作っていました。実は、このシートの原案は私が作りました。ポイントは、クラブや部活動の自治を「可視化」した点にあります。このシートの正式名称は、「クラブ・インテリジェンス・ワークシート」（C－W）で、このシートにあるように自治を可視化する方法を「神谷メソッド」と呼んでいます。このような形で自分たちが何を解決しているのか、誰に何を頼んでいるのかを明確にすることで、外から見ても部活動の現状や課題が理解しやすくなります。そのため、外部指導者や部活動指導員を活用する際には、必須の取り組みと言えます。

例えば、宮城県塩竈市教育委員会は、このシートを使って市内の中学校でワークショップをおこないました。具体的には、生徒の代表、顧問、外部指導者・部活動指導員、保護者の代表が集まって、1時間ぐらいかけてC－Wをみんなで記入しました。どのような課題を生徒自身が取り組むのかを明確にするとともに、顧問、外部指導者・部活動指導員、保護者の関わりも可視化し、みんなで部活動をつくり上げていくことにチャレンジしたのです。

これまでの部活動では、組織の閉鎖性が問題にされてきました。外部から見て何をやっているのかが不明確だったり、問題が起こっていても表に出なかったり隠したりすることがあったのです。この問題を解決するには、組織をオープンにしていく「仕組み」をもつことが大切です。ここで紹介した、C－Wや神谷メソッドも「仕組み」の一つです。

さあ、閉鎖的な昭和スタイルの部活動には見切りをつけ、開放的な令和スタイルの部活動をめざしましょう。それには、部活動の実態を「可視化」していくことが不可欠です。C－Wを記入し、部活動の現状とこれからの運営方法を「可視化」し資料として残しておきましょう。クラブの「自治」という語源をふまえれば、できるだけ「生徒」の欄に○がつくことが望ましいのですが、今はたくさん○がつかなくても、少しずつ増やしていく見通しを持ちましょう。それが、部活動がクラブとして成熟していく過程でもあります。

X

部活動を入試面接に活かす――ポートフォリオで勝負する

面接の鬼《おに》、津《つ》山《やま》先生

部活動指導員に部の舵《かじ》取りを奪《うば》われかけた新生コブシーズ。その後、菅原《すがわら》先生と中本さん、コブシーズのメンバーでワークシートを共有し、そのピンチを脱《だっ》することができた。この一件のおかげで、さらに「クラブ」らしく成長することができたのだった。

一方で、引退して受験勉強に励《はげ》んでいる3年生の大園ツカサは、推薦《すいせん》入試のための準備を進めていた。

ツカサは教室の机で、高校の資料に目を通していた。表紙には、ネイビーチェックのスラックスにブレザーと細めのタイをつけた爽やかな高校生が微笑《ほほえ》む。A高校は、市内でも人気の進学校だ。

「A高校の推薦入試では面接があるからなぁ。進路指導の津山先生に相談するか」

3年間の成績は申し分のないツカサに、内申点の心配はなかった。が、面接など経験したことがない。何をどう対策すればいいか、見当もつかなかった。

予約した日の放課後、進路指導室に入るとすでに津山先生が座って待っていた。

「失礼します」ツカサが恐《おそ》る恐る入るなり、

「まず、入る前にノックをして、組と名前を言わないとな」

いきなりの先制パンチ。

「すでに君のことを知っているからいいけど、実際の面接はそうではない。面接はもう始まっていると思ったほうがいい。大抵《たいてい》、面接のときだけうまくやろうという人が、思わぬ失敗をするもんだ。日頃の生活の蓄積《ちくせき》が、面接で発揮されると言ってもいい。気をつけるように!」

「は、はい」

普段《ふだん》は優しい雰囲気なのに、面接の話になると急に厳しくなる。以前、バレー部の先《せん》輩《ぱい》が「面接の鬼・津山」と言っていたことがはじめて理解できた。

「で、今日はA高校の面接の相談かな？」

「はい。A高校の推薦試験には面接があると聞いて、どんなことが聞かれて、何を話せばいいのか、ちょっと不安で、インターネットとかでいろいろ調べてみたんですけど、志望動機とか中学校時代にがんばったことなんかが聞かれるという情報を見て、そうなると僕はバレー部のことが一番のアピールポイントになるから、キャプテンをやっていたとか、自分たちで部を運営したことを話せばいいのでしょうが、時間が10分程度ということもあって、話を絞《しぼ》るにもどんな観点から絞ればいいのかわからなくて、ノートにも書き出してみたのですが、それで……」

「ストップ！」

津山先生が話を遮《さえぎ》った。

「話が長い。今、結構な時間を使って話したけど、文章にすると『。』が一つもなかったぞ。自分の考えたプロセスを『、』でつないで、長々と話している。面接では一文を短く、コンパクトに！」

「はい！」

確かにそうだ。緊張《きんちょう》するといろいろと言いたくなって、最終的に何を話していたのかよくわからなくなることがある。今回もそのパターンだ。さすが、面接の鬼・津山！

「では、もう1回。今日相談したいことを短く、区切って言ってごらんなさい」

「は、はい。A高校の面接を受けるための相談です。うんと……、僕のアピールポイントはバレー部の活動、生徒会、学校の授業をすべて一生懸命《いっしょうけんめい》に取り組んできたことにあると思っています。そのことを『学業と部活動の両立』という言葉で説明したいと思ったのですが、『ありきたり』な気がしました。それで……面接は10分しか時間がないと聞いたので、どのように自分の経験をまとめればいいのかについて、教えてください」

うまくまとめることができ、ツカサはホッとした。

「さっきよりも随分《ずいぶん》といいじゃないか。今の回答でだいたい40秒ぐらいになる。面接官も話すことを考えると、今みたいな受け答えを5〜10できればいいということになる。イメージがつかめたかな？」

「はい！」

「で、途中の『うんと』とか『それで』という言葉も、できるだけ使わないほうがいいな。それから、『一生懸命』や『しっかり』という単語も使わない。『一生懸命』や『しっかり』やってきた具体的な中身を説明するのが、面接だからね。便利な言葉だけど、それで論点がぼやけてしまうことがある」

「はい！」

学業と部活動の両立

津山先生の的確なアドバイスに感心しながら、ツカサは「受験用」と表紙に書かれたノートにそのアドバイスを書き取った。

「さて、君が言う通り『学業と部活動の両立』という言葉は、実によく使われる。まあ、実際に君たちが『両立』してきたと思っているのだから、その言葉にウソはないだろう。ウソをつかないことが面接の前提だから、別に使っても問題はない。

けれども、ハッキリ言ってワンパターン。おそらく面接官は、面接当日に同じような回答を何人からも聞いているだろう。だから、他の人とは違《ちが》う『両立の中身』をきちんと説明できることが大切だな」

どうやら「生徒会活動」「学業」「部活動」という活動を列挙するだけではダメらしい。じゃあ、どうすればいいんだ？　ツカサの表情を見て津山先生は言った。

「よくわかっていないようだね。両立って言うのは、両方が無理なく成り立つってことだろ？　無理がないように、君はどのような工夫をしたんだい？」

「あっ、そういうことですか。僕は、部活動の時間、生徒会の時間、勉強の時間、自分の自由な時間を決めて、その予定通りに行動するように心掛《こころが》けてきました」

「そうだね。他にはどうだい？　例えば、勉強と部活動と生徒会。これらの活動に関連性はなかったかい？　勉強したことが部活動に活きたり、生徒会活動の経験が部活動に活きたりすれば、それも両立の説明になるぞ」

「あ、あります。生徒会で学んだ『原案』を作ってから審議する方法を、バレー部の運営にも活かしました。それから、体育の授業で学ぶ『トレーニング』に関する内容もバレー部で発展させて、自分たちのトレーニング計画を立てました。部活ノートというものがあって、そこには3つの積木という考え方が……」

「ストップ！　そこまででいい。いろいろとあるじゃないか。『一生懸命』に取り組んできた、具体的な中身がね。そういう経験は君だけの経験だし、君にしか語れない『両立の中身』だ。それを『一生懸命』とか『しっかりと取り組んできた』という言葉で片付けてしまうのは、惜《お》しいよね。実にもったいない。まずはそういう『両立の中身』を整理し、文章でまとめてみよう」

そういうことか！　正直に言って、面接の質問事項を見て、どの生徒も同じような答えになるし、どうやって自分のオリジナリティーを出せばいいのかわからなかった。今日の津山先生の話で、随分とイメージを摑《つか》むことができた。「学業と部活動の両立」に関わる内容が自分の「強み」になりそうだ、とツカサは考えた。

ポートフォリオを整理する

「そうそう、大園君。文章にするときに注意点が一つある。それはさっきも言ったように、**ウソをつかずに事実や具体例に基づいて説明することだ。それには、裏付けとなる資料があったほうがいい。生徒会の議事録とか、バレー部で言えばミーティングやトレーニングの資料とかだよ。さっき、部活ノートって言ってたな。そういう資料を集めた**

ものを『ポートフォリオ』っていうんだ」

「ポートフォリオですか？　なんか聞いたことがあるような、ないような……」

「そうか。高校に行ったら必要になるだろうから、覚えておくといい。自分の学習や経験を示す資料を、ファイルなどに蓄積《ちくせき》したものをいうんだよ。君は今までの資料をきちんと保存してあるかい？」

「捨ててしまったものもあると思いますが、家の段ボールに放り込んであったと思います。全然、整理してないんですけど……」

「まあ、残してあるだけえらい。まずは家に帰って、その段ボールの資料を時系列に並べてみよう。中学1年から今に至るまで、順番に並べてみる。全部を一つに時系列にまとめる方法もあるけれど、君の場合は学業、生徒会、部活というように、カテゴリーごとに書類をまとめてから時系列に並べてみるといいかもね」

「つまり、授業用のファイル、生徒会用のファイル、部活動用のファイル、その他のファイルといったファイルを作って、古いものから順番に並べてファイリングしていくということですか？」

「その通り。それで、ファイリングしたらそれぞれの資料を見ながら、当時のことを思い出してみよう。

生徒会の話し合いは1年生のときに『面倒くさい』と思っていたけど、3年生になったら『合理的な進め方』と思ったんじゃないか？　そんな気持ちの変化が君の成長の証だ。そんな変化やきっかけについて、メモをしておこう。それを授業、生徒会、部活動のそれぞれでおこなうんだ。

そうすると、**自分が今に至るまでに何を経験し、何を学んだのか、どう変わってきて、何に興味・関心があるのか、得意なことは何か、苦手なことは何かがハッキリする**はずだよ。そしてその作業のときに、さっき言った、授業や生徒会の経験が部活動でどう発揮され両立できたのかもメモをしておくんだ。この作業をすると、面接で話す言葉一つ一つに重みが出て、君の人間性が正しく伝わる。そうすると、君しかしていない『経験』に基づく話だから、他の人との違いを意識しなくても自分のオリジナリティーが示せるんだよ」

なるほど……。**事実に裏打ちされた自己PRが必要なんだな。そう考えると、自分のことを分析しないといけないし、ポートフォリオが大切になる**わけだ。ツカサは得心した。

ポートフォリオから「勝負ポートフォリオ」へ

「大園君。感心している場合じゃないぞ。次のステップがある。ポートフォリオを整理して自分の個性や売りを明らかにしたら、面接用の『勝負ポートフォリオ』を作る必要がある。つまり今回の面接で必要となる資料を、それぞれのファイルからピックアップしてそれを元にしながら面接対策の資料や文章を作るんだ。毎回、何冊ものファイルを持ち運んだり見直したりするのは大変だろう？　だから必要な情報だけを抜き出して、一つのファイルにしておくんだよ。

そしてその資料をもとにして、『学業と部活動の両立』に関する自分の考えを文章にしていく。これで、準備完了《かんりょう》だ。あとは、その整理した事柄《ことがら》を相手に伝わるようにトレーニングをすればいい。話し方とか受け答えとかは練習でどうにでもなるが、自分の経験やPRポイントは、練習ではどうにもならない。不思議なことに、自分に自信が持てると受け答えの仕方も変わってくるもんだよ。がんばりたまえ！」

「はい！」

面接の鬼・津山との濃密《のうみつ》な一時間が終わった。ツカサはノートに書き留めたことを、あらためて整理した。つまり……

①「学業（授業）」「生徒会」「部活動」「その他」といったカテゴリー毎のポートフォリオを作る

②それぞれのポートフォリオを見直して、自分の成長や「学業と部活動の両立」にかかわる取り組みを分析する

③面接に必要な資料をピックアップした「勝負ポートフォリオ」を作る

④「勝負ポートフォリオ」に基づいて面接対策の文章を作り、受け答えの練習をする

いきなり面接対策の文章を作るのではなく、それにいたる下ごしらえこそが大切なのだ。やるべきことが明確になり、ツカサの心から不安はなくなっていた。

部活動はポートフォリオの宝石箱

家に帰るとさっそく、資料をため込んだ段ボールを開いてみた。２年半分の資料はう

んざりする多さだ。ひとまず授業、生徒会、部活、その他に整理してみる。バレー部の資料は、コブシーズを立ち上げた3年生になる直前から一気に増えたことがわかる。

うわ！　菅原先生に顧問になってもらうときに議論した資料だ（Ⅰ）。バレー部廃部の危機から「俺たちはどうしたいか」を考えて、菅原先生に顧問になってもらったのだ。顧問はあくまでも相談役で、この時から自分たちで運営していくスタイルに変わった。この経験は自分で計画的に行動する基盤《きばん》にもなっている。これは「勝負ポートフォリオ」に入れる内容だ。ツカサはその資料に付箋《ふせん》を貼った。

次の資料は長いスピーチ原稿《げんこう》だ。「僕たちの正式な名称《めいしょう》は『南中男子バレー部・コブシーズ』です」と書いてある。1年生への部活動紹介《しょうかい》の資料だ（Ⅱ）。プロクラブチームの名前の付け方を参考にして、みんなで考えたネーミング。ちょっと前のことなのに、懐《なつ》かしい。ツカサたちが引退し、後輩たちはクラブ名も新しくするかを議論した。しかし、いい名前だからとそのまま引き継がれ、ツカサは内心で喜んだのだった。

こんなエピソードは誰でも話せるものではない。ツカサはまた、付箋を貼った。

次の資料には3つの積木の絵が描《えが》かれている。コブシーズで「係」を決めるときに風間先生に相談した資料だ（Ⅲ）。3つの積木の観点をふまえて、ツカサは練習・試合係のリーダー・キャプテンになった。係で原案を作って話し合いを進める方法は、生徒会の議論を参考にした。生徒会の経験が部活動でも発揮されたし、部活動の経験を通して生徒会で議論してきた内容の理解が深まった。学業と部活動の両立につながった瞬間《しゅんかん》だ。

今度は数字が並んだ資料がでてきた。部活動の収支報告書だ（Ⅳ）。場・環境《かんきょう》係のタクヤを中心に、はじめて立てられた予算と収支報告書。お金の議論は生徒会とも関わる。月間のスケジュール表も出てきた。国から部活動のガイドラインが出され、それをふまえて自分たちで作ったスケジュールだ（Ⅴ）。トレーニング計画表は、風間先生のアドバイスから体育の教科書を参考にして原案を作った。体育の授業と部活動がつながったことが意外だった（Ⅵ）。

そして、これは最後の大会のプログラム。勝ちたかったが、敗れた後の感想は「不思議な感じです」だった。そのことをタクヤに最後までイジられたのだ（Ⅶ）。あらためて振り返ると、後悔《こうかい》をする余地がないほど充実した部活動生活だったことがわかる。

一通り資料を見返すと、付箋が山のように貼られることになった。と同時に、これまでの部活動での日々が、かけがえのない時間に思えてきた。コブシーズでの活動は、人生の大切な基礎《きそ》を作る期間だったのかもしれない。

そう考えると、ツカサはコブシーズをのぞきに行きたくなってきた。後輩たちにコブシーズの資料は全部残しておくように伝えないと……。それぞれが部活ノートを作ることも。もともとは校長先生に言われて渋々《しぶしぶ》書き始めたけれど、今となっては重要な資料だ。部員一人一人が日記のように書いておくと、きっと進学・進路を決めるときに役立つ⑨だろう。

ポートフォリオを見ると、コブシーズのピンチを自分たちで乗り切ってきたことが成長につながっているのがわかる。きっと、後輩たちもすごいポートフォリオができるはずだ。部活動はポートフォリオの「宝石箱」なのだ。

⑨
近年の教育政策では学校で育成すべき資質・能力として、①知識・技能（何を理解しているか、何ができるか）、②思考力・判断力・表現力等（理解していること・できることをどう使うか）、③学びに向かう力・人間性等（どのように社会・世界と関わり、よりよい人生を送るか）の３つが重視されています。この影響を受けて、大学入試ではとりわけ③の評価に関わって、部活動の取り組みが注目されています。具体的には、これまでの競技成績に依存した評価からの脱却が期待され、部活動で何を経験したのかを具体的に記載できるように調査書・内申書の構成を変えたり、新たに「志願者本人が記載する資料」を入試に活用することを認めたり、それらに基づく面接や集団討論をしたりすることが求められています。このような大学入試の変化が今後、高校入試にも及ぶことが予想されます。このような動向に対応する意味を持つのが、本文中で示したポートフォリオです。

ブカツのヒケツ！ ⑩

ポートフォリオを充実させる部活動とは

さて、今回はツカサ君の推薦入試を中心に話が進みました。きっと彼のことですから、自分の経験や成長を整理・分析して「勝負ポートフォリオ」を作り、合格を勝ち取ったことでしょう。「学業と部活動の両立」って、よく使われますね。これまでに大学の入試に関わってきた私の感覚からすれば、「ベタ中のベタ」「ワンパターン」の回答例です。確かに内申書には学業成績などの情報と、部活動の競技成績などが記載されていますから、それをもって「学業と部活動の両立」を証明した気になっているのかもしれませんが、部活動を研究してきた立場からすると、「そんなちっぽけなものかなぁ」と残念に思えてきます。むしろ、面接の鬼・津山先生が述べるように、自分だけの経験を基盤にしながら「学業と部活動の両立」を示すほうが誠実ですし、自分の本来の姿を知ってもらう機会になり得ます。

その際には、ポートフォリオが威力を発揮します。ツカサ君のように自分の活動や学習を、資料・証拠として蓄積しておき、それを基にして語るのです。ポートフォリオが充実していると、自分の成長や経験を多様な観点から整理できるので、「学業と部活動の両立」に関しても、資料（つまり自分の経験）に基づいて説明することが可能になります。最後にツカサ君は「部活動はポートフォリオの宝石箱」と語りました。私も、その通りだと思います。彼やコブシーズの歩みを見れば明らかですよね。

しかし、部活動が宝石箱になるには、①自分たちで課題を解決することと、②活動の事実を示す資料を残すことが条件になります。ツカサ君も、自分たちでコブシーズを立ち上げて、さまざまな課題に取り組んできたから、失敗や成功の体験を積むことができ、それらが自分の成長を確認する機会になりました（①）。次に②ですが、どんな事柄にも裏付けが必要です。自分の成長や努力についても、記憶だけで把握するのと、事実や資料に基づいて把握するのとでは実感が異なるでしょう。自分の考え、気持ち、記憶を裏付けるのがポートフォリオです。記憶というのは正確なようで曖昧ですから、ポートフォリオが必要になるのです。

コブシーズのように自分たちで課題を解決するような部活動では、ポートフォリオの量が多くなります。身体を動かすだけでなく、話し合う内容や時間が増えて、お互いに確認したり合意したりする事柄も増えますから、それに伴って資料も増えるのです。ですから、ツカサ君が言うように、それらをきちんと保管・蓄積したり、部活ノートで日々の気持ちや取り組みを記述したりすることも大切になります。

もしこれが顧問主導型の部活動だったら、どうでしょうか。部活動指導員・中本さんの登場で、新生コブシーズがそんな部活動になりかけましたね。当然のことながら、自分たちで課題を解決する機会が少なくなり、その結果、資料として示せる事実も少なくなります。つまり、①と②の条件が満たせないのです。そして、限られた事実で、自分の部活動の経験を語ろうとすると、内申書に記載される「競技成績」や「部活動の役職（主将など）」が中心となったり、目には見えない「責任感」や「努力」といった精神面に訴えたりする内容になります。また、「学業と部活動の両立」も、それを語る根拠が乏しくなるので「言葉だけの両立」にならざるを得ません。その結果、面接におけるベタでワンパターンな「学業と部活動の両立」という回答が量産されることになります。

自分にとって意味のある部活動とは、人から与えられるのではなく、自分たちのチャレンジや経験からつくられていくものです。どうしたら、そんな部活動になれるでしょうか？「ブカツのヒケツ①」で述べましたが、クラブの語源には「社交」と「自治」という意味が含まれています。みんなで課題を解決していくのがクラブ・部活動ですから、その原点をふまえて部活動をつくっていくことが大切になるでしょう。そして、評価にも自治を貫き、自分の頭と言葉で何を経験できたのかを整理していくのです。この他は……これまでのコブシーズの歩みと「ブカツのヒケツ」を見直してみましょう！

X 部活動を入試面接に活かす——ポートフォリオで勝負する

XI

エピローグ――
それぞれの春

風に暖かさが混じる。空の青さに寒さを感じなくなった。3月、春の足音が聞こえ始めるなか、南中男子バレー部・コブシーズの部員たちの笑い声が視聴覚室《しちょうかくしつ》に響《ひび》く。

卒業式が終わり、コブシーズの初代メンバーだったツカサとコテツがそれぞれの道に進むことになった。最後にコブシーズのメンバーで集まろうと、「卒業生を送る会」が企画《きかく》されたのだ。菅原《すがわら》先生の取り計らいで視聴覚室を借り、ジュースとお菓子《かし》で宴《うたげ》が催《もよお》されていた。

無事に推薦《すいせん》入試を突破《とっぱ》したツカサと、一般《いっぱん》入試で志望校に合格したコテツ。二人とも誇《ほこ》らしい顔で、ぐんと大人びて見えた。

XI エピローグ——それぞれの春

ツカサ先輩《せんぱい》、高校でもバレーを続けるんですか？　とノブオがたずねた。

面接でも同じことを聞かれたんだけど、自分でメンバーを集めて地域クラブを作るか、高校の部活動に入るか迷ってるって答えたよ、とツカサが応じた。

そんなこと面接で言っていいんですか？　とリョウガが驚《おどろ》く。

続きがあってね……「どちらにしても、自分の意見を述べながら他の人と協力して運営していく力を、中学校で身につけてきました」って言ったら、面接官は感心してたよ。

その後はしっかりとコブシーズのアピールをしたけどね。

コテツは、部活と勉強を両立した経験を武器にした。時間をうまく使うコツをコブシーズで身につけて、受験勉強で活かしたのだ。「この1年のことを考えたら、何でも乗り越《こ》えられるような気がするわ！」ガハハ、と豪快《ごうかい》に笑った。

キャプテンになって半年のトオルに「キャプテンになってどうよ？」とツカサがからかうと、「僕《ぼく》がキャプテンって言うより、上級生のみなさんに支えられている感じです。御神輿《おみこし》に乗せてもらっているというか……」

実際、まだ活動歴が短いキャプテン・トオルが提案する原案は、ミーティングで否決されることもあった。しかし上級生が必ず改善策や対案を示し、議論は建設的に進んでいた。「みんなで作っていくのがクラブですからね。最近はどうせ修正されると割り切って、キャプテンとして思い切った原案を提示しています」とトオルは笑顔で答えた。リョウヘイ、ソウタ、ノブオも、トオルに劣《おと》らず堂々と意見を述べる。これも1年生キャプテンの効果かもしれない。

いよいよ最高学年となるタクヤ、リョウガ、リク、カイ。トオルを支えるだけではなく、上級生としてリーダーシップを発揮しなければならない。プレッシャーではあったが、ツカサとコテツを見て、今まで通り自分たちで部活運営をしていけばいいのだと、確信を深めることができたようだ。「卒業生を送る会」で、後輩たちのほうが背中を押《お》してもらっていた。

その後もにぎやかに、ジュースを片手に談笑が続いていく。こんな時間も部活動には大切だ。

タクヤがふと窓の外を見ると、コブシの花がつぼみをつけ始めている。あれから1年。いろいろあったし、これからもいろいろあるんだろう。けれども、これまでと同じように、自分たちの意思で決定して、コブシーズに水を与《あた》え続ければ、きっときれいな花が咲《さ》くはずだ。

XI エピローグ――それぞれの春

「よし、次の大会までがんばるぞ！」

タクヤは心の中で、コブシのつぼみに誓《ちか》った。

あとがき

私《わたし》には、４歳《さい》の息子（愛称：アム君）がいます。本を読むのが大好きで、いつも寝《ね》る前に私が読むことになります。最近は「今日も、アム君を本の中に招待して！」という一言から始まり、「ここでアム君があらわれて」「この時に○○とアム君が……っておしゃべりをして」と、即興《そっきょう》で物語に参加したがります。とても長いセリフが求められることもあり、間違《まちが》えると「そうじゃない！」と、あらためて読まされることも……。そんなやり取りが続き、結局、私が先に眠《ねむ》くなるというのが日々のパターンです。面倒《めんどう》だな……と思うこともありますが、きっと彼《かれ》なりに物語に参加して、楽しんでいるのでしょう。

私は部活動に関する本でも、同じような読み方ができないものかと考えました。部活動の研究や実践《じっせん》をやさしく解説する本は増えてきたものの、読者が物語に参加しながら学んでいくような本は見当たりません。しかし、歴史や事実を曲解することなく、誠実に向き合うことを生業とする大学研究者にとって、フィクションの小説を書くという作業は想像以上にむずかしいものでした。本書を執筆《しっぴつ》しながら、40を過ぎたオッサンがお人形遊びをしているような「不思議な感覚」になりましたが、毎晩繰り広げられる息子からの特別レッスンの成果?もあり、無事に書き上げることができました。

また、かもがわ出版の皆川ともえさんには、本書の企画《きかく》の段階から多くの助言をいただきました。私は、出張講座などで中学生や高校生を相手に授業や研修をしてきた経緯《けいい》もあって、「いつか彼らに読んでもらえるような本を書かなくては……」と考えていたところ、2018年12月に連絡《れんらく》をもらいました。その後、職場が宮城教育大学から関西大学に変わり、筆の進みが遅《おそ》くなることもありましたが、皆川さんからの的確なアドバイスもあって最後まで走りきることができました。ありがとうございました。

最後になりますが、生活の安定なくして研究はできません。本書で言う3つの積木の「場・環境《かんきょう》」に関《かか》わってくれている、妻・文子に感謝しつつ、筆を置きたいと思います。

2020年3月
神谷　拓

【著者】

神谷　拓（かみや　たく）

1975年、埼玉県出身。中京大学体育学部を卒業後、和歌山大学大学院教育学研究科に進学。その後、筑波大学大学院人間総合科学研究科修了。博士（教育学）。日本部活動学会会長（2021年3月現在）。

関西大学教授。専門はスポーツ教育学、体育科教育学。

著書に『運動部活動の教育学入門』（大修館書店）、『生徒が自分たちで強くなる部活動指導』（明治図書）、『対話でつくる教科外の体育』（学事出版）がある。

この本で紹介された資料は、以下のホームページで公開しています。
https://wps.itc.kansai-u.ac.jp/kamiya/

僕たちの部活動改革　部活自治・10のステップ

2020年5月1日　初版発行
2023年8月20日　第3刷発行

著　者──©神谷 拓
イラスト──ちゃに
カバー・本文デザイン─佐藤 香代（SATO DESIGN）
発行者──竹村 正治
発行所──株式会社かもがわ出版
〒602-8119　京都市上京区出水通堀川西入亀屋町321
営業　TEL：075-432-2868　FAX：075-432-2869
振替　01010-5-12436
編集　TEL：075-432-2934　FAX：075-417-2114
印　刷──シナノ書籍印刷株式会社

　Printed in Japan　ISBN 978-4-7803-1089-4 C0037